첫걸음 떼고 바로 시작하는 일본어 한자 공부

착! 붙는 일본어

기초 한자
300

저자 **일본어 공부기술연구소**

🐦 시사일본어사

일본어는 한글과 문법 구조가 같아 다른 외국어에 비해 익히기 쉽습니다. 그리고 SNS와 커뮤니티 등의 이용으로 다양한 플랫폼 안에서 일본어를 쉽게 접할 수 있게 되었습니다. 이 영향으로 일본어 학습자들 중에는 청해나 회화 실력은 좋지만, 한자는 제대로 공부해 본 적이 없어 글을 읽지 못하는 모순된 상황이 펼쳐지기도 합니다. 본 교재는 한자 공부의 필요성을 느꼈던 학습자 분들에게 도움을 드릴 수 있는 교재입니다.

우리나라와 일본은 같은 한자 문화권에 속하여 한자를 사용하지만, 일본은 문장 안에서 한자를 그대로 사용하는 데 비해, 우리나라는 문장 안에 직접 한자를 표기하지 않습니다. 또 우리는 한자의 음만 사용하여 나타내지만, 일본에서는 음과 훈을 모두 활용하며 다양하게 읽는 법이 있습니다. 일본어를 공부하는 학습자들이 이 부분에서 어려움을 느끼고 일본어를 포기하는 경향이 있습니다. 하지만 일본어 학습에서 한자는 빼놓을 수 없는 요소입니다.

본 교재는 일본어 초급 학습자가 가장 먼저 익혀 두어야 할 일본어 기초 한자 300개를 수록하였습니다. 한자 학습에 유용한 단어와 예문을 통해 한자의 쓰임을 알 수 있게 하였으며, 부록으로 쓰기 노트를 제공하여 직접 한자를 따라 쓰며 공부할 수 있도록 하였습니다. 또한, 일본어능력시험(JLPT)을 처음 준비하시는 분들을 위하여 실전에 대비할 수 있는 워밍업 문제도 수록하였습니다. 쉬운 한자부터 차근차근 학습하다 보면 어느새 1026자, 2136자를 마스터하게 되는 날이 올 것입니다.

지금까지 한자 때문에 일본어 공부를 어려워했다면, 이제는 마음을 다잡고 한자에 집중해 봅시다. 그러다 보면 한자에 자신감이 생기고 재미를 느껴 일본어 실력이 쑥쑥 성장할 수 있습니다. 한자 공부를 통해 일본어 실력이 느는 즐거움도 느끼고, 일본어와 관련해 목표하는 바를 꼭 이루시기 바랍니다.

목차

이 책의 구 성 및 사 용 법

- **원어민 음성 듣기**
  핸드폰으로 QR코드를 찍으면 원어민 발음을
  들을 수 있습니다.

- **테마별로 학습하기**
  총 12개의 테마로 구성되어 있어, 관련 어휘와
  표현을 함께 익힐 수 있으며 딱딱하지 않고 재
  미있게 학습할 수 있습니다.

- **학습할 한자 한눈에 보기**
  각 UNIT에서 배울 한자 목록이 제시되어 있습
  니다. 학습에 들어가기 전에 자신이 얼마나 알
  고 있는지 미리 실력을 체크해 볼 수 있습니다.

- **본격적으로 한자 익히기**
  한자의 뜻과 음, 읽는 법(발음), 대표적인 단어
  를 익힌 후, 해당 단어가 들어간 예문을 읽어
  봅시다.

  일본어 예문 옆에 한국어 해석이 나란히 제시
  되어 있어 의미를 쉽게 이해할 수 있으며, 확장
  된 표현도 함께 익힐 수 있습니다.

  본문 전체의 예문은 일본어능력시험(JLPT)
  N4, N5 레벨에 맞추어져 있어서 시험 대비에
  도 유용합니다.

● **확인 문제 풀어 보기**

각 UNIT의 마지막에는 두 가지 유형의 문제가 수록
되어 있습니다. 한자의 올바른 '발음'을 고르는 문제
와 올바른 '한자'를 고르는 문제로, 일본어능력시험
(JLPT) 문자 어휘 파트의 〈한자 읽
기〉와 〈표기〉 문제를 푸는 실력을
키울 수 있습니다.

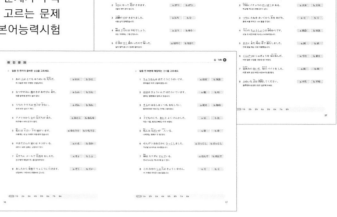

● **색인으로 검색하기**

① 한국에서 배우는 한자 뜻·음을 기준(ㄱㄴㄷ순)으로 찾거나
② 어휘를 기준(あいうえお순)으로 찾을 수 있어 복습 시 편리하게 활용할 수 있습니다.

한 자 쓰 기 노 트

한자 획순을 보면서 따라 쓸 수 있는 쓰기 노트가 별책 부록으로 제공됩니다.

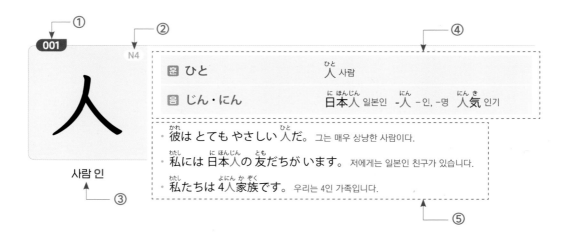

① 일련번호
한자마다 순서대로 번호가 매겨져 있어서 언제든지 복습하고 싶은 한자를 빠르게 확인할 수 있습니다.

② JLPT 레벨(급수)
일본어능력시험(JLPT)의 레벨(급수)을 표기하여 한자 학습에 참고할 수 있도록 했습니다.

③ 한국에서 배우는 한자의 뜻과 음
각 한자의 뜻과 음을 우리나라에서는 어떻게 배우는지 표기했습니다. 함께 익혀 두면 일본어 한자 학습에도 도움이 됩니다.

④ 일본 한자의 훈독·음독
각 한자의 읽는 법을 훈독과 음독으로 구분하여 표기했습니다.
- 훈독: 뜻으로 읽는 방법 (일본 고유의 발음)
- 음독: 음으로 읽는 방법 (우리 식 한자 음과 유사)

예 | 人 사람인 | 훈독: ひと / 음독: にん·じん

⑤ 예문
한자의 이해 및 활용도를 높이기 위해 학습한 단어가 포함된 예문을 실었습니다.

● 이 책에서 배우지 않는 한자가 들어간 어휘는 가급적 히라가나로 표기했습니다. 단, 한자로 표기해야 이해하기 쉽고, 의미가 잘 전달되는 표현들은 그대로 한자를 살려서 표기했습니다.

● 한자에 따라서는 교재에서 제시된 것 보다 더 많은 발음이 있는 경우도 있으나 **기초 단계에서 꼭 알아야 할 발음만을 우선적으로 표기**했습니다.

● 일본어는 띄어쓰기를 하지 않지만, 이 책에서는 학습의 편의상 띄어쓰기를 사용했습니다.

STEP 1
눈으로 익히기

우선, 책에 수록된 큰 글씨의 한자 300개를 전체적으로 훑어보면서 눈에 익게 만듭니다. 획수가 많을수록 어렵게 느껴지지만, 2~3회 반복해서 보다 보면 자연스럽게 눈에 들어오게 됩니다. 이 단계에서는 쓰기 연습은 하지 않고, 한자의 모양, 우리말 뜻과 음만 천천히 눈으로 확인해 보세요.

STEP 2
읽어 보기

한자의 형태가 어느 정도 눈에 익숙해지면 일본어 발음(훈독, 음독)을 확인하고, 관련된 단어를 읽어 봅니다. 음독의 경우, 우리식 한자 음과 유사하기 때문에 암기하는 데 도움이 됩니다. 「道路 도로」가 일본식 발음으로는 「どうろ 도-로」이기 때문에 쉽게 기억됩니다. 이렇게 단어를 익힌 후에는 실제로 어떻게 사용되는지 예문을 함께 읽어 보세요.

STEP 3
써 보기

대체적인 형태가 눈에 익고, 의미가 이해된 후에는 한 글자씩 또박또박 쓰면서 익힙니다. 쓰기 노트에 표기된 획순을 참고하여 따라 써 보세요. 단, 획순에 너무 집착하여 쓰기 보다는 획순을 조금 틀리더라도 여러 번 써서 글자가 익숙해지는 것이 중요합니다. 쓰기 노트의 300개 한자를 모두 써 본 후에는 별도의 노트나 연습장에 단어나 문장을 써 보는 것도 좋습니다.

집 · 가족

이 과에서 학습할 한자

001 人	002 男	003 女	004 子
005 親	006 父	007 母	008 兄
009 弟	010 姉	011 妹	012 犬
013 家	014 族	015 住	016 所
017 引	018 自	019 主	020 私

001

N4

人

사람 인

훈	ひと	人 사람
음	じん・にん	日本人 일본인　-人 –인, –명　人気 인기

- 彼は とても やさしい 人だ。　그는 매우 상냥한 사람이다.
- 私には 日本人の 友だちが います。　저에게는 일본인 친구가 있습니다.
- 私たちは 4人家族です。　우리는 4인 가족입니다.

002

N4

男

사내 남

훈	おとこ	男 남자
음	だん・なん	男子 남자　男性 남성　長男 장남(큰아들)

- あの 背の 高い 男の 人が 見えますか。　저 키가 큰 남자가 보입니까?
- 家の 近くに 男子校が あります。　집 근처에 남학교가 있습니다.
- 長男は 友だちの 家に 行った。　큰아들은 친구 집에 갔다.

003

N4

女

여자 여(녀)

훈	おんな	女 여자
음	じょ	女子 여자　女性 여성　男女 남녀

- 家に 知らない 女の 人が 来た。　집에 모르는 여자가 왔다.
- 最近の 服は あまり 男女に かんけい ない。
요즘 옷은 별로 남녀에 관계없다.

004

N4

子

아들 자

훈	こ	子ども 아이, 어린이
음	し	母子 모자(엄마와 아들)

- 子どもの ころを 思い出しました。　어린 시절을 떠올렸습니다.
- 母子ともに けんこうです。　모자 모두 건강합니다.

005

N3

親

친할 친

훈	おや・したしい	親子 부모와 자식(아이)　親しい 친하다
음	しん	親せき 친척

- 親子で 一緒に 料理を しました。 부모와 아이가 함께 요리를 했습니다.
- 学校で 親しい 友だちが できた。 학교에서 친한 친구가 생겼다.
- 今日は 親せきが 集まる 日だ。 오늘은 친척이 모이는 날이다.

006

N4

父

아버지 부

훈	ちち・とう	父 아빠　お父さん 아빠, 아버지
음	ふ	祖父 조부(할아버지)

- うちの 父は 最近 仕事が いそがしい。 우리 아빠는 요즘 일이 바쁘다.
- この 時計は お父さんから もらった。 이 시계는 아버지로부터 받았다.
- 祖父は 今年 80 さいに なります。 할아버지는 올해 80세가 됩니다.

007

N4

母

어머니 모

훈	はは・かあ	母 엄마　お母さん 엄마, 어머니
음	ぼ	母校 모교

- 母は 銀行で 働いています。 엄마는 은행에서 일하고 있습니다.
- もしもし、お母さん、今 どこに いるの？ 여보세요, 엄마, 지금 어디에 있어?
- ひさしぶりに 母校に 行った。 오래간만에 모교에 갔다.

008

N3

兄

형 형

훈	あに・にい	兄 오빠, 형　お兄さん (남의) 오빠, 형
음	けい・きょう	長兄 큰형　次兄 둘째 형(작은형)　兄弟 형제(남매)

- 子どもの ころは 兄と よく あそんだ。 어렸을 때는 형과(오빠와) 잘 놀았다.
- 長兄より 次兄の 方が 父に にています。 큰형보다 작은형 쪽이 아빠를 닮았습니다.
- 3人兄弟の すえっ子です。 3형제(남매) 중 막내입니다.

009 N3

弟

아우 제

훈	おとうと	弟 남동생
음	てい・だい・で	師弟 사제(스승과 제자)　兄弟 형제　弟子 제자

- 私には 双子の 弟が います。 저에게는 쌍둥이 남동생이 있습니다.
- 親子ですが、 柔道では 師弟の かんけいです。
  부모와 자식이지만 유도에서는 사제지간입니다.
- 兄弟げんかを して 母に 怒られた。 형제간에 싸움을 해서 어머니에게 혼났다.
- その 人は 祖父の 弟子だった。 그 사람은 할아버지의 제자였다.

010 N3

姉

윗누이 자

훈	あね・ねえ	姉 (나의) 언니, 누나　お姉さん (남의) 언니, 누나
음	し	姉妹 자매

- 姉の 私から 見ても 妹は いい子です。 언니인 내가 봐도 여동생은 착한 아이입니다.
- お姉さんは 一人ぐらしを している。 언니(누나)는 혼자 살고 있다.
- よく 姉妹で 同じ 服を 着ていた。 자주 자매끼리 같은 옷을 입었다.

011 N3

妹

누이 매

훈	いもうと	妹 여동생
음	まい	姉妹都市 자매 도시

- 私は 妹と 4さい はなれています。 저는 여동생과 4살 차이입니다.
- ソウルと 東京は 姉妹都市です。 서울과 도쿄는 자매 도시입니다.

012 N3

犬

개 견

훈	いぬ	犬 개
음	けん	大型犬 대형견

- うちの 犬は 散歩が 大好きです。 우리 개는 산책을 무척 좋아합니다.
- にわが ある 家で 大型犬を かいたい。 마당이 있는 집에서 대형견을 키우고 싶다.

013 N3

家

집 가

훈	いえ・うち・や	家 집　家 (우리) 집, 가정　家賃 집세
음	か	音楽家 음악가　作家 작가

- 早く 家に 帰りたい。 빨리 집에 가고 싶다.
- 家に あそびに 来てください。 (우리) 집에 놀러 오세요.
- 毎月 10日に 家賃を はらいます。 매월 10일에 집세를 냅니다.
- 彼は 音楽家として 有名だ。 그는 음악가로서 유명하다.

014 N3

族

겨레 족

음	ぞく	家族 가족　民族 민족

- 今日から 家族旅行で ハワイに 行く。
  오늘부터 가족 여행으로 하와이에 간다.
- 学校の 近くに 民族博物館が あります。
  학교 근처에 민족 박물관이 있습니다.

015 N3

住

살 주

훈	すむ	住む 살다
음	じゅう	住宅 주택　住宅街 주택가

- 私の 兄は 東京に 住んでいる。 우리 오빠는(형은) 도쿄에 살고 있다.
- 公園の 近くは しずかな 住宅街です。 공원 근처는 조용한 주택가입니다.

016 N3

所

바 소

훈	ところ	所 곳, 장소
음	しょ	住所 주소

- 今回は 日本の いろんな 所へ 行きました。 이번에는 일본의 여러 곳에 갔습니다.
- 病院の 住所を ネットで しらべた。 병원 주소를 인터넷에서 알아봤다.

14

017 N3

引

끌 인

| 훈 ひく | 引く 끌다, 당기다　引っこす 이사하다 |
| 음 いん | 引退 은퇴 |

- まどから 入る 光が まぶしくて カーテンを 引いた。
  창문으로 들어오는 불빛이 눈부셔서 커튼을 쳤다.
- わが家は 来月、引っこす よていです。　우리 집은 다음 달, 이사할 예정입니다.
- 高校3年の 夏に 部活を 引退した。　고등학교 3학년 여름에 동아리 활동을 은퇴했다.

018 N3

自

스스로 자

| 훈 みずから | 自ら 스스로, 몸소 |
| 음 じ・し | 自己 자기　自然 자연 |

- 妹は 自らの 意思で 大学を やめた。　여동생은 스스로의 의사로 대학을 그만두었다.
- 新しい 学校で 自己しょうかいを した。　새로운 학교에서 자기소개를 했다.
- ここには 美しい 自然が のこっています。
  이곳에는 아름다운 자연이 남아 있습니다.

019 N3

主

임금 주 / 주인 주

| 훈 ぬし・おも | 持ち主 소유자, 주인　主な 주요한, 주된 |
| 음 しゅ | 主人 주인, 남편 |

- この カメラの 持ち主を さがしています。　이 카메라의 주인을 찾고 있습니다.
- 家族の 主な 収入は 会社の 給料です。　가족의 주요 수입은 회사 급여입니다.
- 主人は 今 外出して 家に いません。　남편은 지금 외출하고 집에 없습니다.

020 N3

私

사사 사

| 훈 わたし | 私 나, 저 |
| 음 し | 私立 사립 |

- みんな 出かけて、今 家に いる のは 私だけです。
  모두 나가서 지금 집에 있는 건 저뿐이에요.
- 弟は 私立高校に 通っています。　남동생은 사립고등학교에 다니고 있습니다.

✳ 밑줄 친 한자의 올바른 발음을 고르세요.

1 あの <u>人</u>は とても ゆうめいな 先生(せんせい)だ。
　　저 사람은 매우 유명한 선생님이다.

　　　　　　　a. にん　　　b. ひと

2 なつやすみに <u>親</u>せきが あそびに 来(き)た。
　　여름 방학에 친척이 놀러 왔다.

　　　　　　　a. しん　　　b. じん

3 うちの クラスは <u>男</u>子(し)が 少(すく)ない。
　　우리 반은 남자가 적다.

　　　　　　　a. だん　　　b. なん

4 アメリカから <u>女</u>の 友(とも)だちが 来(き)た。
　　미국에서 여자 친구가 왔다.

　　　　　　　a. おとこ　　b. おんな

5 <u>私</u>(わたし)には 4(よん)さい 下(した)の <u>妹</u>が います。
　　저에게는 네 살 아래의 여동생이 있습니다.

　　　　　　　a. おとうと　b. いもうと

6 やまださんの <u>家</u>には ネコが いる。
　　야마다 씨의 집에는 고양이가 있다.

　　　　　　　a. いえ　　　b. なか

7 友(とも)だちに メールで <u>住</u>所(じゅう)を おしえた。
　　친구에게 메일로 주소를 알려주었다.

　　　　　　　a. きょ　　　b. しょ

8 あしたから 家<u>族</u>で りょこうに 行(い)きます。
　　내일부터 가족끼리 여행하러 갑니다.

　　　　　　　a. ぞく　　　b. てい

정답　1 b　2 a　3 a　4 b　5 b　6 a　7 b　8 a

◆ 밑줄 친 부분에 해당하는 한자를 고르세요.

1 <u>ちょうなん</u>は まだ こうこうせいです。
큰아들은 아직 고등학생입니다.

　　a. 長男　　b. 次男

2 <u>はは</u>は びょういんで はたらいています。
엄마는 병원에서 일하고 있습니다.

　　a. 親　　b. 母

3 <u>そふ</u>の はなしは いつも おもしろい。
할아버지의 이야기는 언제나 재미있다.

　　a. 祖父　　b. 祖母

4 子どものころ、<u>あに</u>と よく けんかした。
어린 시절, 형과(오빠와) 자주 싸웠다.

　　a. 兄　　b. 見

5 私には 兄<u>だい</u>が 二人 いる。
나에게는 형제가 두 명 있다.

　　a. 第　　b. 弟

6 せんげつ おおさかに <u>ひっこし</u>ました。
지난달 오사카로 이사했습니다.

　　a. 日っこし　　b. 引っこし

7 姉は カナダに <u>すんで</u>いる。
언니(누나)는 캐나다에 살고 있다.

　　a. 住んで　　b. 所んで

8 この みせの <u>しゅ</u>人は きょう いません。
이 가게의 주인은 오늘 없습니다.

　　a. 主　　b. 王

정답 1 a　2 b　3 a　4 a　5 b　6 b　7 a　8 a

때 · 시간

이 과에서 학습할 한자

021 年	022 日	023 月	024 火
025 水	026 木	027 金	028 土
029 早	030 時	031 朝	032 昼
033 夕	034 夜	035 午	036 前
037 後	038 今	039 毎	040 週
041 曜	042 間	043 来	044 明
045 半	046 何	047 去	048 代

021 N4

年

해 년(연)

훈	とし	^{とし}年 해, 나이(연령) ^{としうえ}年上 연상 ^{としした}年下 연하
음	ねん	^{ねんかん}年間 연간 ^{しょうねん}少年 소년

- ^{とし}年を ^と取ってから ^{えいご}英語の ^{べんきょう}勉強を ^{はじ}始めた。　나이가 들고 나서 영어 공부를 시작했다.
- ^{かいしゃ}会社の ^{ねんかんけいかく}年間計画を ^み見ました。　회사의 연간 계획을 봤습니다.

022 N4

日

날 일

훈	ひ・か	^ひ日 날 ^{とおか}10日 10일
음	にち・じつ	^{にちようび}日曜日 일요일 ^{なんにち}何日 며칠 ^{とうじつ}当日 당일

- ^こ子どもの^ひ日は ^{ごがつ}5月です。　어린이날은 5월입니다.
- しせつの よやくは ^{まえ}前の ^{つき}月の ^{とおか}10日からです。　시설의 예약은 전달 10일부터입니다.
- ^{かいぎ}会議の ために ^{なんにち}何日も ^{まえ}前から じゅんびした。　회의를 위해 며칠이나 전부터 준비했다.
- ^{しけん}試験の ^{とうじつ}当日は ^{はや}早く ^お起きました。　시험 당일은 일찍 일어났습니다.

023 N4

月

달 월

훈	つき	^{つき}月 달 ^{つきひ}月日 시일, 세월
음	げつ・がつ	^{げつようび}月曜日 월요일 ^{げつ}-か月 -개월 ^{がつ}-月 -월

- ^{つきひ}月日が すぎる のは とても ^{はや}早い。　세월이 지나는 것은 매우 빠르다.
- ジムに ^{かよ}通い ^{はじ}始めて ^{ごげつ}5か月 たった。　헬스장에 다니기 시작한 지 5개월 지났다.
- ^{はちがつ}8月に ^{はい}入ってから ^{さんど}3度も ^{たいふう}台風が ^き来た。　8월에 들어서 세 번이나 태풍이 왔다.

024 N4

火

불 화

훈	ひ	^ひ火 불
음	か	^{かようび}火曜日 화요일

- ガスレンジに ^ひ火を つけた。　가스레인지에 불을 붙였다(켰다).
- ^{かようび}火曜日には ^{かいぎ}会議の よていが あります。　화요일에는 회의 예정이 있습니다.

水

물 수

훈	みず		水 물
음	すい		水曜日 수요일　水泳 수영

- 毎朝 水を 1杯 飲んでいる。 매일 아침 물을 한 잔 마시고 있다.
- 夏休みは 水泳の 大会に 出る。 여름 방학에는 수영 대회에 나간다.

木

나무 목

훈	き		木 나무
음	ぼく・もく		大木 거목(큰 나무)　木曜日 목요일　木製 목제

- 公園には 木が たくさん ある。 공원에는 나무가 많이 있다.
- 家の 前に 大木が 立っている。 집 앞에는 큰 나무가 서 있다.
- 木製の いすを 買った。 목제 의자를 샀다.

金

쇠 금 / 성씨 김

훈	かね		お金 돈
음	きん		金曜日 금요일　金星 금성

- レジで お金を はらいました。 계산대에서 돈을 지불했습니다.
- 冬は 金星が よく 見える きせつだ。 겨울은 금성이 잘 보이는 계절이다.

土

흙 토

훈	つち		土 땅, 흙, 토양
음	ど・と		土曜日 토요일　国土 국토　土地 토지

- 春は 土の 中から 新しい いのちが 生まれる。 봄에는 땅속에서 새 생명이 태어난다.
- 日本の 国土には 山が 多いです。 일본의 국토에는 산이 많습니다.
- この 土地は ねだんが 上がっている。 이 토지는 값이 오르고 있다.

029 　　　N3

早

이를 조

훈	はやい	早い (시간이) 빠르다, 이르다
음	そう	早朝 조조, 이른 아침

- 今回の 会議は 早く 終わりました。 이번 회의는 일찍 끝났습니다.
- 明日も 野球の 早朝練習に 行く。 내일도 이른 아침에 야구 연습하러 간다.

030 　　　N4

時

때 시

훈	とき	時 때
음	じ	-時 -시　時差 시차　時間 시간

- 合格した 時は なみだが 出た。 합격했을 때는 눈물이 났다.
- 韓国と タイの 時差は 2時間です。 한국과 태국의 시차는 두 시간입니다.

031 　　　N3

朝

아침 조

훈	あさ	朝 아침
음	ちょう	朝食 조식(아침 식사)

- 朝は いつも メール チェックを している。
  아침에는 항상 메일 체크를 하고 있다.
- ホテルの 朝食は とても おいしかったです。
  호텔 조식은 매우 맛있었습니다.

032 　　　N3

昼

낮 주

훈	ひる	昼 낮, 점심　昼寝 낮잠
음	ちゅう	昼夜 주야(낮과 밤)

- うちの ねこは よく 昼寝を している。 우리 집 고양이는 자주 낮잠을 잔다.
- 彼は 昼夜、仕事の ことばかり 考えている。 그는 밤낮으로 일만 생각하고 있다.

N3

夕

저녁 석

| 훈 ゆう | 夕方 저녁때　夕食 저녁밥, 저녁 식사 |

- 今日は 夕方から 雨が ふる そうです。
  오늘은 저녁때부터 비가 내린다고 합니다.
- 夕食の じゅんびを する 前に おやつを 食べた。
  저녁밥 준비를 하기 전에 간식을 먹었다.

N3

夜

밤 야

| 훈 よ・よる | 夜中 밤중, 한밤중　夜 밤 |
| 음 や | 夜景 야경 |

- 夜中まで 友だちと 話した。　한밤중까지 친구와 이야기했다.
- 夏でも 夜に なると 少し すずしいです。　여름이라도 밤이 되면 조금 시원합니다.
- この カフェからは 夜景が よく 見える。　이 카페에서는 야경이 잘 보인다.

N4

午

낮 오

| 음 ご | 午前 오전　午後 오후 |

- 午前中に 美容院の よやくを しました。
  오전 중에 미용실 예약을 했습니다.
- この 店の パンは 午後に なると 売り切れる。
  이 가게의 빵은 오후가 되면 품절된다.

N4

前

앞 전

| 훈 まえ | 前 앞, 전 |
| 음 ぜん | 前後 전후, 앞뒤 |

- 沖縄には 前に 一度 行った ことが あります。
  오키나와에는 전에 한 번 간 적이 있습니다.
- 前後に 大きな トラックが 走っていて こわかった。
  앞뒤로 큰 트럭이 달리고 있어서 무서웠다.

037 _{N4}

後

뒤 후

| 훈 | うしろ・あと・のち | 後ろ 뒤, 뒤쪽　後 뒤, 후　後ほど 이따, 조금 후에 |
| 음 | ご・こう | 今後 향후　老後 노후　後輩 후배 |

- 後ろの せきで 学生が 話している。 뒷자리에서 학생이 말하고 있다.
- 映画を 見た 後に 買い物を します。 영화를 본 후에 쇼핑을 합니다.
- 後ほど 3人 来る から 4人の せきを おねがいします。
  이따 세 명 올 테니 4인석을 부탁합니다.
- 今後の スケジュールに ついて そうだんした。 향후의 스케줄에 대해서 상담했다.
- 彼は 高校の 後輩です。 그는 고등학교 후배입니다.

038 _{N4}

今

이제 금

| 훈 | いま | 今 지금 |
| 음 | こん | 今月 이번 달 |

- ちょうど今、電話を かける ところでした。 지금 막 전화를 걸던 참이었습니다.
- 今月から 水泳を 習う ことに した。 이번 달부터 수영을 배우기로 했다.

039 _{N4}

毎

매양 매

| 음 | まい | 毎年 매년 (= 毎年)　毎日 매일 |

- 母の 日には 毎年 プレゼントを 送る。 어머니의 날에는 매년 선물을 보낸다.
- 毎日、同じ 時間に 家を 出る。 매일, 같은 시간에 집을 나선다.

040 _{N4}

週

돌 주 / 주일 주

| 음 | しゅう | 毎週 매주　先週 지난주　週末 주말 |

- これは 先週の 記事ですが、おもしろいです。
  이것은 지난주 기사인데 재미있습니다.
- 週末は 山登りを する よていです。 주말에는 등산을 할 예정입니다.

041 N3

曜

빛날 요

| 음 | よう | -曜日 -요일　何曜日 무슨 요일 |

- 今日は 何曜日ですか。 오늘은 무슨 요일입니까?
- 土曜と 日曜は アルバイトを している。
  토요일과 일요일은 아르바이트를 하고 있다.

042 N4

間

사이 간

| 훈 | あいだ・ま | 間 동안, 사이　間 간격, 사이 (間に 合う 시간에 맞추다) |
| 음 | かん | 時間 시간　期間 기간　週間 주간 |

- 日本に いる 間、毎晩 テレビを 見ていた。 일본에 있는 동안 매일 밤 TV를 봤었다.
- 出発の 時間に 間に 合った。 출발 시간에 맞게 갔다(늦지 않았다).
- 冬休みの 期間は やく 2週間です。 겨울 방학 기간은 약 2주간입니다.

043 N4

来

올 래(내)

| 훈 | くる・きます・こられる | 来る 오다　来ます 옵니다　来られる 올 수 있다 |
| 음 | らい | 来年 내년 |

- 今日の 飲み会には だれが 来るか 分からない。
  오늘 회식(술자리)에는 누가 올지 모른다.
- 5分後に バスが 来ます。 5분 후에 버스가 옵니다.
- 今から 家に 来られますか。 지금부터 집에 오실 수 있나요?
- 弟は 来年、高校に 入学します。 남동생은 내년에 고등학교에 입학합니다.

044 N3

明

밝을 명

| 훈 | あかるい・あける | 明るい 밝다　明ける 새다, 밝아지다 |
| 음 | めい | 不明 불명, 불분명 |

- 夏は 午後 7時でも 明るいですね。 여름은 오후 7시라도 밝군요.
- 年が 明けて、新しい 1年が 始まります。 새해가 밝아 새로운 1년이 시작됩니다.
- この 事故には 不明な 点が 多い。 이 사고에는 불분명한 점이 많다.

045 N4

半

반 반

훈	なかば	半ば 절반, 중반
음	はん	半年 반년

- 30代 半ばで 自分の ビジネスを 始めた。
- 30대 중반에 자신의 비즈니스를 시작했다.

- 半年 前に けっこんしたばかりです。
  반년 전에 막 결혼했습니다(결혼한 지 반년밖에 안 되었습니다).

046 N4

何

어찌 하

훈	なに · なん	何 무엇, 어떤, 어느 것 何 몇

- これからの ことは 何も 考えていません。
  앞으로의 일은 아무것도 생각하고 있지 않습니다.

- 昨日は 何時まで 事務所に いたの？ 어제는 몇 시까지 사무실에 있었어?

047 N3

去

갈 거

훈	さる	去る 떠나다, 지나가다
음	きょ · こ	去年 작년 過去 과거

- 先生が この 大学を 去ってから 3年が たった。
  선생님이 이 대학을 떠난 지 3년이 지났다.

- 今年は 去年より 梅雨の 時期が 早いです。 올해는 작년보다 장마 시기가 빠릅니다.

- 過去の ことが あまり 思い出せない。 과거의 일이 별로 생각나지 않는다.

048 N3

代

대신할 대

훈	かわる	代わる 대신하다 代わりに 대신에
음	だい · たい	時代 시대 交代 교대

- ご飯の 代わりに お菓子を 食べても いいですか。
  밥 대신에 과자를 먹어도 되나요?

- 便利な 時代に なりました。 편리한 시대가 되었습니다.

- 後半からは 選手の 交代が ふえた。 후반(전)부터는 선수 교체가 늘었다.

✻ 밑줄 친 한자의 올바른 발음을 고르세요.

1 今まで 5<u>年</u>、本社に いました。   a. にん   b. ねん
지금까지 5년 (동안), 본사에 있었습니다.

2 3<u>月</u>に なって 花が さきます。   a. がつ   b. げつ
3월이 되어 꽃이 핍니다.

3 試験の <u>日</u>が きまりました。   a. にち   b. ひ
시험 날이 정해졌습니다.

4 雨は <u>夕</u>方には やむでしょう。   a. よう   b. ゆう
비는 저녁에는 그칠 것입니다.

5 仕事が <u>早</u>く 終わったので 帰った。   a. はやく   b. ながく
일이 일찍 끝나서 (집에) 돌아갔다.

6 家を 出た <u>時</u>に 雨が ふってきた。   a. とき   b. あと
집을 나섰을 때에 비가 내리기 시작했다.

7 新しく できた 店で <u>昼</u>ご飯を 食べた。 a. ひる   b. よる
새로 생긴 가게에서 점심을 먹었다.

8 <u>来</u>年は 日本に りゅうがくしたい。   a. めい   b. らい
내년에는 일본에 유학하고 싶다.

정답 **1** b   **2** a   **3** b   **4** b   **5** a   **6** a   **7** a   **8** b

◆ 밑줄 친 부분에 해당하는 한자를 고르세요.

1 プールで <u>すい</u>泳を 練習した。
_{えい} _{れんしゅう}
수영장에서 수영을 연습했다.

| a. 火 | b. 水 |

2 学校にイチョウの <u>たいぼく</u>が ある。
_{がっこう}
학교에 커다란 은행나무가 있다.

| a. 大本 | b. 大木 |

3 <u>つち</u>に たねを まいてから 水を あげた。
_{みず}
흙에 씨를 뿌리고 나서 물을 주었다.

| a. 主 | b. 土 |

4 今日の <u>ちょうしょく</u>は 8時からです。
_{きょう} _{はち じ}
오늘 조식은(아침 식사는) 8시부터입니다.

| a. 朝食 | b. 昼食 |

5 <u>まえ</u>に 来た 時は 車で 旅行しました。
_き _{とき} _{くるま} _{りょこう}
전에 왔을 때는 차로 여행했습니다.

| a. 則 | b. 前 |

6 <u>こんげつ</u>は じゅぎょうを 3回 休んだ。
_{かい} _{やす}
이번 달은 수업을 3회(세 번) 쉬었다.

| a. 今月 | b. 新月 |

7 夏休みの <u>あいだ</u>、毎日 バイトを した。
_{なつやす} _{まいにち}
여름 방학 동안 매일 아르바이트를 했다.

| a. 間 | b. 問 |

8 <u>ふめい</u>な 点は 質問してください。
_{てん} _{しつもん}
불분명한(궁금한) 점은 질문해 주세요.

| a. 不名 | b. 不明 |

정답 1 b 2 b 3 b 4 a 5 b 6 a 7 a 8 b

신체 · 건강

이 과에서 학습할 한자			
049 口	050 目	051 耳	052 手
053 足	054 頭	055 顔	056 首
057 体	058 心	059 元	060 気
061 力	062 声	063 太	064 弱
065 正	066 悪	067 低	068 軽
069 重	070 死	071 寒	072 産
073 医	074 薬	075 起	076 寝

049 N4

口

입구

훈	くち		^{くち}口 입		
음	こう・く		^{こうない}口内 구내(입안)	^{じんこう}人口 인구	^{く ちょう}口調 어조, 말투

- ^{くち}口を ^{おお}大きく ^あ開けて わらう。 입을 크게 벌리고 웃는다.
- ^{こうない}口内から ^{しゅっけつ}出血している。 입안에서 피가 나오고 있다.
- ^{びょういん}病院の ^{せんせい}先生は きびしい ^{く ちょう}口調で しかった。
  병원 (의사) 선생님은 엄격한 어조로 꾸짖었다.

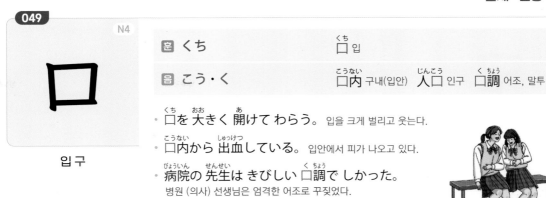

050 N4

目

눈 목

훈	め		^め目 눈
음	もく		^{もくひょう}目標 목표

- ^{よなか}夜中に ^{なんど}何度も ^め目が さめました。 한밤중에 몇 번이나 잠을 깼습니다.
- ^{もくひょう}目標の ^{たいじゅう}体重まで ^{あと に}後2キロだ。 목표 체중까지 앞으로 2kg이다.

051 N4

耳

귀 이

훈	みみ		^{みみ}耳 귀
음	じ		^{じ び か}耳鼻科 이비과, 이비인후과

- ^{さいきん}最近、^{みみ}耳が ^き聞こえにくいです。 요즘 귀가 잘 들리지 않습니다.
- ^{みみ}耳が ^{いた}痛くて ^{じ び か}耳鼻科に ^い行った。 귀가 아파서 이비인후과에 갔다.

052 N4

手

손 수

훈	て		^て手 손		
음	しゅ		^{しゅじゅつ}手術 수술	^{とうしゅ}投手 투수	^{せんしゅ}選手 선수

- ^{かれ}彼は ^{とうしゅ}投手の ^{なか}中でも ^て手が ^{おお}大きい ^{ほう}方だ。 그는 투수 중에서도 손이 큰 편이다.
- ^{びょういん}病院で ^{しゅじゅつ}手術を ^う受けます。 병원에서 수술을 받습니다.

053 足 N4

훈	あし・たりる・たす	足 발, 다리　足りる 족하다, 충분하다　足す 더하다
음	そく	遠足 소풍

- 足が 長くて モデルの ようだ。　다리가 길어서 모델 같다.
- まだまだ 実力が 足りないです。　아직 실력이 부족합니다.
- カレーに スパイスを 足しました。　카레에 향신료를 더했습니다.
- 遠足で たくさん 歩きました。　소풍에서(소풍 가서) 많이 걸었습니다.

발 족

054 頭 N3

훈	あたま	頭 머리
음	とう・ず	頭部 두부(머리 부분)　頭痛 두통

- 仕事の ことで 頭が 痛い。　일 때문에 머리가 아프다.
- 運動中に 頭部を うってしまった。　운동 중에 머리를 부딪치고 말았다.
- 食後に 頭痛薬を 飲みました。　식후에 두통약을 먹었습니다.

머리 두

055 顔 N3

훈	かお	顔 얼굴
음	がん	洗顔 세안, 세수

- クリームを 顔に ぬった。　크림을 얼굴에 발랐다.
- 朝は おゆで 洗顔します。　아침에는 따뜻한 물로 세안합니다.

낯 안

056 首 N3

훈	くび	首 목, 고개
음	しゅ	首位 수위(높은 위치, 선두)　首都 수도

- 首を 回して ストレッチを します。　고개를 돌려 스트레칭을 합니다.
- マラソン大会では いつも 首位だった。　마라톤 대회에서는 항상 선두였다.

머리 수

057 N3

体

몸 체

| 훈 | からだ | 体 몸 |
| 음 | たい | 体内 체내(몸속) |

- 運動を 始めてから 体の 調子が いい。 운동을 시작하고 나서 몸 컨디션이 좋다.
- ウイルスが 体内に 入ると きけんだ。
  바이러스가 몸속에 들어가면 위험하다.

058 N3

心

마음 심

| 훈 | こころ | 心 마음 |
| 음 | しん | 心配 걱정 |

- 心からの かんしゃを つたえます。 진심으로 감사를 전합니다.
- 母の ことが 心配で 電話を かけた。 엄마가 걱정되어 전화를 걸었다.

059 N3

元

으뜸 원

| 훈 | もと | 元 처음, 기원, 전 |
| 음 | げん・がん | 元気 원기, 기력, 건강   元日 새해 첫날, 1월 1일 |

- 彼は 元バスケットボール選手です。 그는 전 농구 선수입니다.
- 元気が あれば 何でも できます。 기력이 있으면 무엇이든지 할 수 있습니다.
- 新年は 元日だけ お休みです。 새해는 새해 첫날만 쉽니다.

060 N4

気

기운 기

| 음 | き・け | 気 기운, 기분, 마음   寒気 한기, 오한 |

- 道が 暗いから 気を つけてください。 길이 어두우니까 조심하세요.
- 寒気は しますが、ねつは ありません。 오한은 들지만 열은 없습니다.

061
N3

훈 ちから　　　力 힘, 능력, 실력

음 りょく・りき　　　体力 체력　力士 역사(씨름꾼)

- 大会では いつもの 力が 出せなかった。　대회에서는 평소의 실력을 내지 못했다.
- 毎日 走って 体力を つけた。　매일 달려서 체력을 키웠다.
- あの 体が 大きい 人は 力士です。　저 몸집이 큰 사람은 씨름꾼입니다.

힘 력(역)

062
N3

훈 こえ　　　声 소리, 목소리

음 せい　　　発声 발성

- 風邪を 引いて 声が 出ない。　감기에 걸려서 목소리가 나오지 않는다.
- 歌う 前に 発声練習を します。　노래하기 전에 발성 연습을 합니다.

소리 성

063
N3

훈 ふとい・ふとる　　　太い 굵다　太る 살찌다

음 たい　　　太陽 태양, 해

- ラグビー選手は 首が 太い。　럭비 선수는 목이 굵다.
- もう 少し 太った 方が けんこうてきだ。　좀 더 살찌는 편이 건강하다.
- 太陽が 出て あたたかくなりました。　해가 나오고 따뜻해졌습니다.

클 태

064
N3

훈 よわい・よわる　　　弱い 약하다　弱る 약해지다

음 じゃく　　　弱点 약점

- 私は お酒が 弱い 方です。　저는 술이 약한 편입니다.
- 病気に なってから 気持ちも 弱った。　병이 나고 나서 마음도 약해졌다.
- 彼の 弱点は 朝早く 起きられない ことだ。
  그의 약점은 아침 일찍 일어나지 못하는 것이다.

약할 약

065 N3

正

바를 정

| 훈 | ただしい · まさ | 正しい 바르다 正に 바로, 실로 |
| 음 | せい · しょう | 正常 정상 正直 정직 |

- 正しい方法で トレーニングする。 올바른 방법으로 훈련한다.
- けんさの けっかは 正常でした。 검사 결과는 정상이었습니다.
- 自分の 正直な 気持ちを 話しました。 자신의 솔직한 마음을 이야기했습니다.

066 N3

悪

악할 악 / 미워할 오

| 훈 | わるい | 悪い 나쁘다 |
| 음 | あく | 悪性 악성 悪化 악화(촉음화) (촉음화: 「っ」음이 되는 경우) |

- 目が 悪くなったから メガネを 作った。 눈이 나빠졌기 때문에 안경을 맞췄다.
- けんさの けっか、悪性ではなかった。 검사 결과, 악성이 아니었다.
- 祖父の 体調が 悪化しました。 할아버지의 몸 상태가 악화되었습니다.

067 N3

低

낮을 저

| 훈 | ひくい | 低い 낮다, (키가) 작다 |
| 음 | てい | 低下 저하 |

- 子どもの ころから せが 低かったです。 어렸을 때부터 키가 작았습니다.
- 試合の 後半には 集中力が 低下した。 시합 후반에는 집중력이 떨어졌다.

068 N3

軽

가벼울 경

| 훈 | かるい | 軽い 가볍다 |
| 음 | けい | 軽食 간단한 식사 |

- この くつは 軽くて はきやすい。 이 신발은 가벼워서 신기 편하다.
- 説明会では 軽食が 出ました。 설명회에서는 간단한 식사가 나왔습니다.

069 重
N3

무거울 중

| 훈 | え・おもい・かさねる | ^{ふた え}二重 이중, 두 겹　^{おも}重い 무겁다　^{かさ}重ねる 겹치다 |
| 음 | じゅう・ちょう | ^{に じゅう}二重 이중　^{たいじゅう}体重 체중, 몸무게　^{しんちょう}慎重 신중 |

- 私の 二重の 目は 母と よく にている。 나의 쌍꺼풀눈은 엄마와 많이 닮았다.
- 自転車の ペダルが 重く かんじられます。 자전거 페달이 무겁게 느껴집니다.
- 病院で 体重を 計りました。 병원에서 체중을 쟀습니다.
- 先生は 兄の 病気に ついて 慎重に 話した。
  선생님은 형(오빠)의 병에 대해 신중하게(조심스럽게) 이야기했다.

070 死
N3

죽을 사

| 훈 | しぬ | ^し死ぬ 죽다 |
| 음 | し | ^{し ぼう}死亡 사망　^{きゅう し}急死 급사(갑자기 죽음) |

- 死ぬまでに したい ことを ノートに 書いた。
  죽을 때까지 하고 싶은 일을 노트에 적었다.
- 有名な はいゆうが 急死したという ニュースが ながれた。
  유명한 배우가 돌연 세상을 떠났다는 뉴스가 흘러나왔다.

071 寒
N3

찰 한

| 훈 | さむい | ^{さむ}寒い 춥다 |
| 음 | かん | ^{かん ぱ}寒波 한파　^{かんだん}寒暖 한란(추위와 따뜻함) |

- ゆきが ふってから 急に 寒くなった。 눈이 내리고 나서 갑자기 추워졌다.
- 今日は 昼と 夜の 寒暖差が 大きいです。 오늘은 낮과 밤의 일교차가 큽니다.

072 産
N3

낳을 산

| 훈 | うむ・うまれる | ^う産む 낳다　^う産まれる 태어나다 |
| 음 | さん | ^{せいさん}生産 생산 |

- 子どもを 産む 人は へっている。 아이를 낳는 사람은 줄고 있다.
- 5月に むすめが 産まれる よていです。 5월에 딸이 태어날 예정입니다.
- けんこう食品の 生産が 年々 ふえています。
  건강식품의 생산이 해마다 증가하고 있습니다.

073 N3

医

의원 의

| 음 | い | 医学 의학　医者 의사 |

- この 学生は 医学部を めざしています。
  이 학생은 의학부(의대)를 목표로 하고 있습니다.
- お医者さんの 言う ことを よく 聞いた。
  의사 선생님이 말하는 것을 잘 들었다.

074 N3

薬

약 약

| 훈 | くすり | 薬 약 |
| 음 | やく | 頭痛薬 두통약　薬局 약국(촉음화) |

- この 薬は 食後に 飲んでください。 이 약은 식후에 드세요.
- 病院に 行かないで 頭痛薬を 飲んだ。 병원에 가지 않고 두통약을 먹었다.
- この 建物の 3がいに 薬局が あります。 이 건물 3층에 약국이 있습니다.

075 N3

起

일어날 기

| 훈 | おきる・おこる・おこす | 起きる 일어나다　起こる 일어나다
起こす 일으키다 |
| 음 | き | 起業 기업(사업을 일으킴), 창업 |

- 出勤の ために 毎朝 6時に 起きる。 출근을 위해 매일 아침 6시에 일어난다.
- その 事件が 起こった のは 昨日だ。 그 사건이 일어난 것은 어제다.
- ベッドから 体を 起こす。 침대에서 몸을 일으킨다.
- 友人と 一緒に 起業して 10年 たった。 친구와 함께 창업한 지 10년 지났다.

076 N2

寝

잘 침

| 훈 | ねる | 寝る 자다 |
| 음 | しん | 寝室 침실 |

- 早く 寝て 早く 起きる 生活が 理想だ。 일찍 자고 일찍 일어나는 생활이 이상적이다.
- 寝室は リビングの となりに ある。 침실은 거실 옆에 있다.

✳ 밑줄 친 한자의 올바른 발음을 고르세요.

1 このごろ 若い 人の 人口が へっている。
わか ひと

요즘 젊은 사람의 인구가 줄고 있다.

a. じんく   b. じんこう

2 今年の 目標は 大学に 合格する ことだ。
ことし ひょう だいがく ごうかく

올해 목표는 대학에 합격하는 것이다.

a. もく   b. め

3 くつを 買いたいが お金が 足りない。
か かね

신발을 사고 싶지만 돈이 부족하다.

a. たりない   b. おりない

4 この 問題の 正しい 答えが 分からない。
もんだい こた わ

이 문제의 올바른 답을 모르겠다.

a. ただしい   b. よろしい

5 つかれているので 体の 調子が よくない。
ちょうし

피곤해서 몸 상태가(컨디션이) 좋지 않다.

a. かた   b. からだ

6 大きな 声で 歌を 歌った。
おお うた うた

큰 소리로 노래를 불렀다.

a. こえ   b. うた

7 だれにでも 弱点は あります。

누구에게나 약점은 있습니다.

a. やくてん   b. じゃくてん

8 体重が ふえて ダイエットを した。

체중이 늘어서 다이어트를 했다.

a. たいじゅう   b. しんちょう

정답 **1** b **2** a **3** a **4** a **5** b **6** a **7** b **8** a

◆ 밑줄 친 부분에 해당하는 한자를 고르세요.

1 春は じ鼻科に 行く 人が 多い。
はる　　び か　　い　　ひと　　おお
봄에는 이비인후과에 가는 사람이 많다.

　　　　　a. 耳　　　b. 目

2 病院で しゅ術の 後、2週間 入院する。
びょういん　じゅつ　あと　にしゅうかん にゅういん
병원에서 수술 후, 2주간 입원한다.

　　　　　a. 千　　　b. 手

3 最近、お客さんが へって あたまが 痛い。
さいきん　きゃく　　　　　　　　　いた
요즘, 손님이 줄어서 머리가 아프다.

　　　　　a. 頭　　　b. 顔

4 この くつは とても かるいです。
이 신발은 매우 가볍습니다.

　　　　　a. 固い　　b. 軽い

5 そんなに しんぱいしなくても いいです。
그렇게 걱정하지 않아도 됩니다.

　　　　　a. 心配　　b. 手配

6 70さいの 祖父は まだまだ げんきです。
ななじゅう　　そ ふ
70세인 할아버지는 아직 건강하십니다.

　　　　　a. 正気　　b. 元気

7 この くすりは 食後に 1つだけ 飲みます。
しょく ご　　ひと　　の
이 약은 식후에 한 알만 먹습니다.

　　　　　a. 楽　　　b. 薬

8 朝晩、かん暖の 差が 大きい。
あさばん　　だん　さ　おお
아침저녁 일교차가 크다.

　　　　　a. 寒　　　b. 塞

정답　1 a　2 b　3 a　4 b　5 a　6 b　7 b　8 a

4

요리 · 식사

이 과에서 학습할 한자

077 米	078 牛	079 魚	080 肉
081 野	082 菜	083 飯	084 茶
085 食	086 事	087 料	088 理
089 作	090 味	091 飲	092 酒
093 堂	094 台	095 道	096 洗

077 N2

米

쌀 미

훈	こめ	こめ 米 쌀	
음	べい・まい	にちべい 日米 일본과 미국	げんまい 玄米 현미

- さいきん こめ つく のうか すく
  最近は 米を 作る 農家が 少ない。 요즘은 쌀을 짓는 농가가 적다.
- にちべい しょくぶんか はな
  日米の 食文化に ついて 話した。 일본과 미국의 식문화에 대해서 이야기했다.
- げんまい た
  けんこうの ために 玄米を 食べます。 건강을 위해 현미를 먹습니다.

078 N3

牛

소 우

훈	うし	うし 牛 소
음	ぎゅう	ぎゅうにゅう 牛乳 우유

- うし め
  牛は やさしい 目を しています。 소는 선한 눈을 하고 있습니다.
- わたし ぎゅうにゅう にがて
  私は 牛乳が 苦手です。 저는 우유를 잘 못 먹습니다.

079 N4

魚

물고기 어

훈	さかな	さかな 魚 물고기, 생선
음	ぎょ	きんぎょ 金魚 금붕어

- さかな す
  さしみより やいた 魚が 好きです。 생선회보다 구운 생선을 좋아합니다.
- きんぎょ にひき
  金魚を 2匹 かっています。 금붕어를 두 마리 키우고 있습니다.

080 N3

肉

고기 육

음	にく	にく 肉 고기	ぎゅうにく 牛肉 소고기

- にく い
  肉を れいぞうこに 入れました。 고기를 냉장고에 넣었습니다.
- きょう ぎゅうにく た
  今日は 牛肉の ステーキを 食べる。 오늘은 소고기 스테이크를 먹는다.

081

野

N3

들 야

| 훈 | の | 野原 들, 들판 |
| 음 | や | 野菜 야채, 채소 |

- 野原で ピクニックを します。 들에서 피크닉을 합니다.
- 野菜を こまかく 切って サラダを 作った。
  야채를 잘게 썰어 샐러드를 만들었다.

082

菜

N3

나물 채

| 훈 | な | 菜の花 유채꽃 |
| 음 | さい | 白菜 배추 |

- 菜の花は あぶらや 食材としても 使う。 유채꽃은 기름이나 식재료로도 쓴다.
- 白菜の キムチが 一番 好きです。 배추 김치를 가장 좋아합니다.

083

飯

N3

밥 반

| 훈 | めし | 飯 밥, 식사 かま飯 (가마)솥 밥 |
| 음 | はん | 昼ご飯 점심밥 |

- かま飯は 注文が 来てから 30分 かけて 作る。
  솥 밥은 주문이 오고 나서 30분 걸쳐 만든다.
- お昼ご飯は 何を 食べましょうか。 점심밥은 무엇을 먹을까요?

084

茶

N3

차 다 / 차 차

| 음 | ちゃ・さ | 抹茶 말차 喫茶店 찻집, 다방 |

- 抹茶ラテが 飲みたいです。 말차(녹차)라테를 마시고 싶습니다.
- 古い 喫茶店の 雰囲気が 好きだ。 오래된 찻집의 분위기를 좋아한다.

40

---

085 N4

食

밥 식 / 먹을 식

| 훈 | たべる | 食べる 먹다 |
| 음 | しょく | 食事 식사 |

- 私は 食べる ことが 好きです。 저는 먹는 것을 좋아합니다.
- 母は 食事の マナーに きびしかった。 어머니는 식사 매너에 엄격했다.

---

086 N3

事

일 사

| 훈 | こと | 事 일, 것 |
| 음 | じ | 事前 사전(일을 시작하기 전) |

- 料理教室では おぼえる 事が たくさん ある。
  요리 교실에서는 기억할 것이 많이 있다.
- この 店は 事前に よやくが ひつようです。 이 가게는 사전에 예약이 필요합니다.

---

087 N3

料

헤아릴 료(요)

| 음 | りょう | 材料 재료　給料 급료, 급여, 월급 |

- 夕食の 材料を じゅんびします。 저녁 식사 재료를 준비합니다.
- 給料が 出たら お肉を 食べに 行く。
- 급여가 나오면 고기를 먹으러 간다.

---

088 N3

理

다스릴 리(이)

| 음 | り | 料理 요리　整理 정리　無理 무리 |

- れいとうこの 中を 整理します。 냉동고 안을 정리합니다.
- 今から ケーキを やく のは 無理だ。 지금부터 케이크를 굽는 것은 무리다.

089 N3

作

지을 작

훈	つくる	作^{つく}る 만들다		

훈 つくる — 作る 만들다

음 さく・さ — 作品 작품   作家 작가(촉음화)   作業 작업

- 子どもの おべんとうを 作ります。 아이의 도시락을 만듭니다.
- この おさらは 有名な 作家の 作品だ。 이 접시는 유명한 작가의 작품이다.
- 肉を 切る 作業は 大変だ。 고기를 자르는 작업은 힘들다.

090 N3

味

맛 미

훈 あじ — 味 맛

음 み — 趣味 취미   調味料 조미료

- スープに しおを 足して 味を つけた。 국물에 소금을 더해서 맛을 냈다.
- 趣味は お菓子を 作る ことです。 취미는 과자를 만드는 것입니다.

091 N4

飲

마실 음

훈 のむ — 飲む 마시다   飲み会 회식, 술자리

음 いん — 飲食店 음식점

- 飲み会の お店を きめましょう。 회식할 가게를 정합시다.
- 駅の まわりには 飲食店が 多い。 역 주변에는 음식점이 많다.

092 N2

酒

술 주

훈 さけ — 酒 술

음 しゅ — 日本酒 니혼슈(사케, 청주)

- お酒を 飲むなら ワインが いいです。 술을 마신다면 와인이 좋습니다.
- 友だちに 日本酒を プレゼントした。 친구에게 니혼슈를 선물했다.

093 　N3

堂

집 당

음 どう　　　　食堂 식당　聖堂 성당

- 大学の 食堂は 安くて おいしいです。　대학 식당은 싸고 맛있습니다.
- この レストランからは 大聖堂が 見える。　이 레스토랑에서는 대성당이 보인다.

094 　N3

台

별 태 / 대 대

음 だい・たい　　　台所 부엌　屋台 포장마차

- 朝から ずっと 台所で 料理を している。　아침부터 계속 부엌에서 요리를 하고 있다.
- 夜ご飯は 屋台で 食べる ことに しました。
  저녁 식사는 포장마차에서 먹기로 했습니다.

095 　N4

道

길 도

훈 みち　　　　道 길

음 どう　　　　水道 수도　道路 도로

- 会社の 前の 道に すし屋が ある。　회사 앞의 길에 초밥집이 있다.
- そばを 水道の 水で ひやします。　메밀국수를 수돗물로 식힙니다.

096 　N3

洗

씻을 세 / 깨끗할 선

훈 あらう　　　洗う 씻다, 빨다

음 せん　　　　洗剤 세제

- 料理を する 前に 手を 洗います。　요리를 하기 전에 손을 씻습니다.
- さらに ついた 洗剤は よく 洗う。　접시에 묻은 세제는 잘 닦는다.

✳ 밑줄 친 한자의 올바른 발음을 고르세요.

1 野菜を 使った おかずを 作った。
　　　_{つか}　　　　　　_{つく}

    a. はくさい   b. やさい

채소를 사용한 반찬을 만들었다.

2 丘の 上で 牛が 草を 食べています。
　　_{おか}　_{うえ}　　　_{くさ}　_た

    a. ぎゅう   b. うし

언덕 위에서 소가 풀을 먹고 있습니다.

3 池の 中には 金魚が たくさん いる。
　　_{いけ}　_{なか}

    a. きんぎゅ   b. きんぎょ

연못 안에는 금붕어가 많이 있다.

4 その 作家の 作品は 若者に 人気だ。
　　　_{さっか}　　　　_{わかもの}　_{にんき}

    a. さっぴん   b. さくひん

그 작가의 작품은 젊은 사람에게 인기다.

5 料理の 味は しおと しょうゆが 基本です。
　　_{りょうり}　　　　　　　　　　　_{きほん}

    a. あじ   b. だし

요리의 맛은 소금과 간장이 기본입니다.

6 事前に レシピを しらべた。

    a. じぜん   b. じまえ

사전에 레시피를(조리법을) 조사했다.

7 お酒は 水や 米に よって 味が ちがいます。
　　　　　_{みず}　_{こめ}　　　　_{あじ}

    a. さき   b. さけ

술은 물이나 쌀에 따라 맛이 다릅니다.

8 朝は あまり ご飯を 食べません。
　　_{あさ}　　　　　　　_た

    a. はん   b. ばん

아침에는 별로 밥을 먹지 않습니다.

정답　1 b　2 b　3 b　4 b　5 a　6 a　7 b　8 a

44

◆ 밑줄 친 부분에 해당하는 한자를 고르세요.

1 おいしい <u>ぎゅうにく</u>は ステーキで 食^たべます。

a. 牛内　　b. 牛肉

맛있는 소고기는 스테이크로 먹습니다.

2 母^{はは}は 朝早^{あさはや}くから <u>だい</u>所^{どころ}で 仕事^{しごと}を している。

a. 大　　b. 台

엄마는 아침 일찍부터 부엌에서 일을 하고 있다.

3 この <u>みち</u>を 右^{みぎ}に まがると スーパーが あります。

a. 道　　b. 返

이 길을 오른쪽으로 돌면 슈퍼가 있습니다.

4 1時間^{いちじかん}で ラーメンを 5はい 食^たべる のは <u>むり</u>だ。

a. 無理　　b. 無由

한 시간에 라면을 다섯 그릇 먹는 것은 무리다.

5 <u>しょくじ</u>の マナーが 悪^{わる}い 人^{ひと}が いる。

a. 喰事　　b. 食事

식사 매너가 나쁜 사람이 있다.

6 毎月^{まいつき} 1回^{いっかい}、会社^{かいしゃ}で <u>のみ</u>会^{かい}を します。

a. 飯み　　b. 飲み

매달 1회(한 번) 회사에서 회식을 합니다.

7 自然^{しぜん}の <u>ざいりょう</u>を 使^{つか}った 料理^{りょうり}が おいしい。

a. 材科　　b. 材料

자연의 재료를 사용한 요리가 맛있다.

8 向^むこうに おいしい <u>食</u>^{しょく}どうが ならんでいる。

a. 堂　　b. 洞

건너편에(저쪽에) 맛있는 식당이 줄지어 있다.

정답 **1** b　**2** b　**3** a　**4** a　**5** b　**6** b　**7** b　**8** a

장소 · 위치

이 과에서 학습할 한자

097	村	098	町	099	上	100	下	101	左
102	右	103	遠	104	近	105	内	106	外
107	東	108	西	109	南	110	北	111	国
112	京	113	工	114	広	115	市	116	場
117	店	118	館	119	区	120	都	121	病
122	院	123	駅	124	銀	125	洋	126	屋
127	号	128	建	129	民	130	最		

097 村 N3

마을 촌

| 훈 | むら | 村 마을 |
| 음 | そん | 農村 농촌 |

- 地方の 村は 人口が へっています。
  지방의 마을은 인구가 줄어들고 있습니다.
- この 農村では 農業が 体験できる。
  이 농촌에서는 농업을 체험할 수 있다.

098 町 N3

밭두둑 정

| 훈 | まち | 町 마을, 동네 |
| 음 | ちょう | 町内 동네 |

- となりの 町の スーパーまで 行きます。 옆 동네 슈퍼까지 갑니다.
- 毎年 5月に 町内の おまつりが ある。 매년 5월에 동네 축제가 있다.

099 上 N4

윗 상

| 훈 | うえ・うわ・かみ・あげる・あがる・のぼる | 上 위 上むく 위를 향하다, 좋아지다 川上 강의 상류 上げる 올리다 上がる 오르다 上る 오르다 |
| 음 | じょう | 以上 이상 最上 최상 頂上 정상 |

- トイレは 1つ 上の かいに ある。 화장실은 하나 위층에 있다.
- 町の けいざいが 上むく。 마을 경제가 좋아진다.
- 川上の 方から ふねが 来ます。 강 상류 쪽에서 배가 옵니다.
- はこを たなに 上げました。 상자를 선반에 올렸습니다.
- どうぞ、スリッパを はいて 上がってください。 자, 슬리퍼를 신고 올라오세요.
- この 町は 上り下りの 急な 坂道が 多い。
  이 동네는 오르락내리락 가파른 언덕길이 많다.
- この 山の 頂上まで 登ります。 이 산의 정상까지 올라갑니다.

N4

下

아래 하

훈	した・しも・ さげる・さがる・ おろす・おりる	下 아래, 밑	下半期 하반기
		下げる 내리다	下がる 내리다, 물러서다
		下ろす 내리다	下りる 내리다
음	か・げ	地下鉄 지하철	下水 하수(도)

- 本は たなの 一番 下に あります。 책은 선반의 맨 아래에 있습니다.
- 下半期は 国内の 出張が ふえました。 하반기는 국내 출장이 늘었습니다.
- エアコンで 部屋の 温度を 下げます。 에어컨으로 방의 온도를 낮춥니다.
- きけんだから 黄色い せんから 後ろに 下がってください。
  위험하므로 노란 선에서 뒤로 물러서 주세요.
- そこに ある 荷物を 下ろしてください。 거기에 있는 짐을 내려 주세요.
- 電車から 下りた 時、友だちが 待っていた。
  전철에서 내렸을 때 친구가 기다리고 있었다.
- 地下鉄に 乗って 学校に 通う。 지하철을 타고 학교에 다닌다.
- あの 道で 下水の 工事を している。 저 길에서 하수 공사를 하고 있다.

N4

左

왼 좌

훈	ひだり	左 왼쪽	左側 좌측, 왼쪽
음	さ	左折 좌회전(왼쪽으로 꺾음)	

- 高校の 左側には 公園が あります。 고등학교 좌측에는 공원이 있습니다.
- 次の 交差点を 左折します。 다음 교차로를(교차로에서) 좌회전합니다.

N4

右

오른쪽 우

훈	みぎ	右 오른쪽	右側 우측, 오른쪽
음	う・ゆう	右往左往 우왕좌왕	左右 좌우

- 右に ある のが 私の かさです。 오른쪽에 있는 게 제 우산입니다.
- 試験会場が 分からなくて 右往左往した。 시험장을 몰라서 우와좌왕했다.
- 車が 来ないか 左右を 見た。 차가 오지 않는지 좌우를 봤다.

103

N3

遠

멀 원

| 훈 とおい | 遠^{とお}い 멀다 |
| 음 えん | 永遠^{えいえん} 영원 |

- 病院^{びょういん}が 遠^{とお}くて 不便^{ふべん}です。 병원이 멀어서 불편합니다.
- この 建築^{けんちく}は 永遠^{えいえん}に のこる 名作^{めいさく}です。 이 건축은 영원히 남을 명작입니다.

104

N3

近

가까울 근

| 훈 ちかい | 近^{ちか}い 가깝다 |
| 음 きん | 近所^{きんじょ} 근처, 근방 |

- 近^{ちか}い きょりなので 歩^{ある}いて 移動^{いどう}します。 가까운 거리라서 걸어서 이동합니다.
- 近所^{きんじょ}に 新^{あたら}しい 映画館^{えいがかん}が できた。 근처에 새로운 영화관이 생겼다.

105

N2

内

안 내

| 훈 うち | 内^{うち} 안(쪽), 내부, 속 内側^{うちがわ} 안쪽 |
| 음 ない | 案内^{あんない} 안내 |

- 電気^{でんき}の スイッチは ドアの 内側^{うちがわ}に あります。 전기 스위치는 문 안쪽에 있습니다.
- お客^{きゃく}さんに 道^{みち}を 案内^{あんない}しました。 손님에게 길을 안내했습니다.

106

N4

外

바깥 외

| 훈 そと・ほか・はずす・はずれる | 外^{そと} 밖, 바깥, 외부 外^{ほか} (범위) 밖, 외
外^{はず}す 떼다, 벗다 外^{はず}れる 빗나가다, 벗어나다 |
| 음 がい | 意外^{いがい} 의외 |

- 寒^{さむ}いので 外^{そと}に 出^でたくないです。 추워서 밖에 나가고 싶지 않습니다.
- 病院^{びょういん}の 料金^{りょうきん}が 思^{おも}いの 外^{ほか} 高^{たか}かった。 병원 요금이 생각 외로 비쌌다.
- 部屋^{へや}の 中^{なか}では サングラスを 外^{はず}しました。 방 안에서는 선글라스를 벗었습니다.
- 登山^{とざん}コースから 外^{はず}れてしまった。 등산 코스에서 벗어나 버렸다.
- 引^ひっこした 家^{いえ}は 意外^{いがい}に 広^{ひろ}かった。 이사한 집은 의외로 넓었다.

N4

훈 ひがし　　　東 동쪽　東側 동쪽, 동쪽 편

음 とう　　　東京 도쿄　東京駅 도쿄역

- 太陽は 東から のぼります。 태양은 동쪽에서 뜹니다.
- 東京駅から 地下鉄に 乗る。 도쿄역에서 지하철을 탄다.

동녘 동

108

N4

훈 にし　　　西 서쪽　西側 서쪽, 서쪽 편

음 さい・せい　　　関西 간사이　西洋 서양

- ホテルの 西側に 海が 見えます。 호텔 서쪽에 바다가 보입니다.
- 大阪や 京都が ある 地域を 関西地方という。
  오사카나 교토가 있는 지역을 간사이 지방이라고 한다.
- ていえんの 中に 西洋建築の 建物が あります。
  정원 안에 서양 건축의 건물이 있습니다.

서녘 서

109

南

N4

훈 みなみ　　　南 남쪽　南側 남쪽, 남쪽 편

음 なん　　　南下 남하(남쪽으로 내려감)

- 南に 向いた 部屋は 人気が ある。 남쪽으로 향한 방은 인기가 있다.
- バスに 乗って しまを 南下した。 버스를 타고 섬을 남하했다.

남녘 남

110

北

N4

훈 きた　　　北 북쪽　北側 북쪽, 북쪽 편　北風 북풍

음 ほく　　　北上 북상

- 強い 北風が ふいて がいろじゅの 葉が おちた。
  강한 북풍이 불어 가로수 잎이 떨어졌다.
- 南の 海で 発生した 台風が 北上している。
  남쪽 바다에서 발생한 태풍이 북상하고 있다.

북녘 북 / 달아날 배

111 国 _{N4}

훈	くに	国 나라, 고국
음	こく	帰国 귀국 韓国 한국

- みんなが 出身の 国に ついて 紹介します。 모두가 출신 나라에 대해 소개합니다.
- イギリスから 5年ぶりに 帰国する。 영국에서 5년만에 귀국한다.

나라 국

112 京 _{N3}

음	きょう · けい	上京 상경 東京 도쿄(지명)
		京成 게세(일본 철도 회사)

- いなかに いる 母が 昨日 上京しました。 시골에 있는 엄마가 어제 상경했습니다.
- 東京から 成田空港に 行く のは 京成電車が 便利です。
  도쿄에서 나리타 공항으로 가는 것은 게세 전철이 편리합니다.

서울 경

113 工 _{N3}

음	こう · く	工場 공장 工夫 궁리, 고안

- この 町には 工場が たくさん あります。 이 동네에는 공장이 많이 있습니다.
- 部屋が 広く 見える ように 工夫した。 방이 넓어 보이도록 궁리했다.

장인 공

114 広 _{N3}

훈	ひろい · ひろがる · ひろげる	広い 넓다 広がる 넓어지다, 번지다
		広げる 넓히다, 확장하다
음	こう	広告 광고

- 今度 引っこした アパートは 部屋が 広い。 이번에 이사한 아파트는 방이 넓다.
- 台風の ひがいは 全国に 広がった。 태풍의 피해는 전국으로 퍼졌다.
- 電車の 中は 広告が たくさん はってある。 전철 안은 광고가 많이 붙어 있다.

넓을 광

115

N3

市

저자 시

| 훈 いち | | 市場 시장 |
| 음 し | | 都市 도시 |

- 市場で いろいろな 果物を 売っていた。 시장에서 여러 가지 과일을 팔고 있었다.
- いなかよりも 都市に 住みたいです。 시골보다도 도시에 살고 싶습니다.

116

N3

場

마당 장

| 훈 ば | | 場所 장소 職場 직장 場合 경우 |
| 음 じょう | | 会場 회장, 이벤트장 駐車場 주차장 |

- 私の 通う 職場は 若い 人が 多い。 내가 다니는 직장은 젊은 사람이 많다.
- コンサートの 会場は ファンで いっぱいです。 콘서트장은 팬들로 가득합니다.

117

N4

店

가게 점

| 훈 みせ | | 店 가게, 상점 |
| 음 てん | | 店員 점원 |

- デパートの 中には たくさんの 店が 入っている。
  백화점 안에는 많은 가게가 들어서 있다.
- この 店の 店員さんは とても 親切でした。
  이 가게의 점원은 매우 친절했습니다.

118

N3

館

집 관

| 음 かん | | 図書館 도서관 映画館 영화관 |

- 図書館は 月曜日が 休みです。 도서관은 월요일이 휴무(휴관)입니다.
- 昨日、映画館で デートした。 어제 영화관에서 데이트했다.

119 N3

区

구분할 구 / 지경 구

| 음 | く | 区 구, 구획　区別 구별 |

- 東京には 23 の 区が あります。 도쿄에는 23개의 구가 있습니다.
- 森と 林を 区別する のは むずかしい。
모리(숲)와 하야시(숲)를 구별하는 것은 어렵다.

120 N3

都

도읍 도

| 훈 | みやこ | 都 수도 |
| 음 | と・つ | 京都 교토(지명)　都内 도내(도쿄의 중심 지역)
都合 형편, 사정 |

- 京都は むかし 日本の 都でした。 교토는 옛날 일본의 수도였습니다.
- 都内には たくさんの 美術館が ある。 도내에는 많은 미술관이 있다.
- 都合が いい 日に 一緒に 出かけましょう。
형편이 되는(편하신) 날에 같이 외출해요.

121 N3

病

병 병

| 훈 | やまい | 病 병, 질병 |
| 음 | びょう | 病院 병원 |

- つまが とつぜん 病に たおれた。 아내가 갑자기 병으로 쓰러졌다.
- この 病院は 15かい 建てです。 이 병원은 15층짜리 건물입니다.

122 N3

院

집 원

| 음 | いん | 美容院 미용실　大学院 대학원 |

- この あたりには 美容院が 多いです。 이 근처에는 미용실이 많습니다.
- 大学を 卒業してから 大学院に 行く つもりだ。
대학을 졸업하고 나서 대학원에 갈 생각이다.

N4

駅

역 역

音 えき　　　　　　　駅 역

- 友だちと 駅前で 会う やくそくを しました。
  친구와 역 앞에서 만나기로 약속을 했습니다.

- 地下鉄の駅から 目的地までは 車で 5分ほどだ。
  지하철역에서 목적지까지는 차로 5분 정도다.

124

N3

銀

은 은

音 ぎん　　　　　　　銀 은　　銀行 은행

- デパートに 銀の ゆびわを 見に 行きます。
  백화점에 은반지를 보러 갑니다.

- 銀行が 3時に しまるので 急ぎました。
  은행이 세 시에 문을 닫기 때문에 서둘렀습니다.

125

N3

洋

큰 바다 양

音 よう　　　　洋食 양식　東洋 동양　西洋 서양

　　　　　　　インド洋 인도양

- となりの 駅で おいしい 洋食店を 見つけた。
  옆의 역에서 맛있는 양식점을 발견했다.

- インド洋には 美しい しまが いくつも ある。
  인도양에는 아름다운 섬이 몇 개나(여러 개) 있다.

126

N3

屋

집 옥

訓 や　　　　　　八百屋 채소 가게　花屋 꽃집

音 おく　　　　　　屋上 옥상

- 八百屋には きせつの 野菜が ならんでいる。
  채소 가게에는 계절 채소가 진열되어 있다.

- ビルの 屋上から 花火を 見ました。　빌딩 옥상에서 불꽃놀이를 봤습니다.

127 N2

号

이름 호 / 부르짖을 호

| 음 ごう | | 電話番号 전화번호　信号 신호 |

- 店の 電話番号を しらべた。 가게 전화번호를 알아봤다.
- 信号が 青に なるまで 待ちましょう。 신호등이 파란불이 될 때까지 기다립시다.

128 N3

建

세울 건

| 훈 たてる・たつ | | 建てる 세우다, 짓다　建物 건물　建つ 세워지다 |
| 음 けん | | 建設 건설 |

- この 地区に 大きな 団地を 建てる そうです。
  이 지구(구역)에 큰 단지를 짓는다고 합니다.
- 去年、町の 南に 高い ビルが 建ちました。
  작년에 마을 남쪽에 높은 빌딩이 세워졌습니다.
- タワーマンションの 建設に はんたいする 人も いる。
  타워 맨션 건설에 반대하는 사람도 있다.

129 N3

民

백성 민

| 음 みん | | 住民 주민　市民 시민 |

- 町の スポーツ大会には 多くの 住民が 参加する。
  동네 스포츠 대회에는 많은 주민이 참가한다.
- 図書館では 市民の ための セミナーを しています。
  도서관에서는 시민을 위한 세미나를 하고 있습니다.

130 N2

最

가장 최

| 훈 もっとも | | 最も 가장 |
| 음 さい | | 最終 최종(제일 마지막)　最近 최근, 요즘 |

- 日本で 最も 広い 都道府県は 北海道です。
  일본에서 가장 넓은 도도부현은 홋카이도입니다.
- 福岡に 行く 最終電車は 5分 前に 出発した。
  후쿠오카에 가는 마지막 전철은 5분 전에 출발했다.

✳ 밑줄 친 한자의 올바른 발음을 고르세요.

1 農村の 生活を 体験できる 旅行が 人気だ。
　　농촌 생활을 체험할 수 있는 여행이 인기다.

　　a. のうそん　　b. のうか

2 日本では 車は 道路の 左側を 走ります。
　　일본에서는 차는 도로의 왼쪽을 달립니다.

　　a. くだり　　b. ひだり

3 家の 近所に すてきな カフェが できた。
　　집 근처에 멋진 카페가 생겼다.

　　a. きんじょ　　b. こんじょ

4 寒いと 思ったが 意外に あたたかい。
　　추울 줄 알았는데 의외로 따뜻하다.

　　a. いじょう　　b. いがい

5 朝 6時を すぎて 東の 空が 明るく なった。
　　아침 6시를 지나고 동쪽 하늘이 밝아졌다.

　　a. みなみ　　b. ひがし

6 都市の 生活は 便利だが 自然が ない。
　　도시 생활은 편리하지만 자연이 없다.

　　a. とし　　b. とかい

7 店員さんが 親切な 店は お客さんも 多い。
　　점원이 친절한 가게는 손님도 많다.

　　a. みせ　　b. てん

8 ショッピングセンターが 建てられた。
　　쇼핑센터가 세워졌다.

　　a. もて　　b. たて

정답　**1** a　**2** b　**3** a　**4** b　**5** b　**6** a　**7** b　**8** b

◆ 밑줄 친 부분에 해당하는 한자를 고르세요.

1 この <u>まち</u>は 長_{なが}い 歴_{れき}史_しが あります。

    이 마을은 오랜 역사가 있습니다.

        a. 市　　b. 町

2 食品売り場_{しょくひん う ば}は デパートの <u>ちか</u>に ある。

    식품 매장은 백화점 지하에 있다.

        a. 近下　　b. 地下

3 あそこで <u>させつ</u>して ください。

    저기서 좌회전해 주세요.

        a. 左折　　b. 右折

4 外国人_{がいこくじん}の 友_{とも}だちに 京都_{きょうと}を 案_{あん}<u>ない</u>しました。

    외국인 친구에게 교토를 안내했습니다.

        a. 外　　b. 内

5 会_あう <u>ばしょ</u>を まちがえて やくそくに おくれた。

    만나는 장소를 잘못 알아 약속에 늦었다.

        a. 場所　　b. 陽所

6 家_{いえ}から <u>えき</u>まで 毎日_{まいにち} 自転車_{じてんしゃ}で 行_いきます。

    집에서 역까지 매일 자전거로 갑니다.

        a. 駅　　b. 駐

7 <u>おくじょう</u>からは 市内_{し ない}が 全部_{ぜん ぶ} 見_みえる。

    옥상에서는 시내가 전부 보인다.

        a. 局上　　b. 屋上

8 日本_{に ほん}で <u>もっとも</u> あたたかい 地方_{ち ほう}は 沖縄_{おきなわ}だ。

    일본에서 가장 따뜻한 지방(지역)은 오키나와다.

        a. 最も　　b. 書も

정답 **1** b　**2** b　**3** a　**4** b　**5** a　**6** a　**7** b　**8** a

UNIT

6

자연 · 색

이 과에서 학습할 한자

131 天	132 空	133 雨	134 山
135 川	136 花	137 森	138 林
139 地	140 田	141 風	142 海
143 池	144 馬	145 鳥	146 暑
147 光	148 暗	149 色	150 白
151 黑	152 赤	153 黃	154 青
155 春	156 夏	157 秋	158 冬

131 N4

天

하늘 천

음 てん	天気 날씨　天気予報 일기 예보
	天国 천국

- 出かける 前は 天気予報を かくにんします。
  외출하기 전에는 일기 예보를 확인합니다.
- この 部屋は すずしくて 天国の ようだ。 이 방은 시원해서 천국 같다.

132 N4

空

빌 공

훈 そら・から・あく・ あける	空 하늘　空 (속이) 빔　空く 비다
	空ける 비우다
음 くう	空気 공기

- 夕方の 空が 赤くて きれいでした。 저녁 하늘이 붉고 예뻤습니다.
- 空の コップに 水を 入れます。 빈 컵에 물을 담습니다.
- 空いた 時間に 森の 写真を とる。 빈 시간에 숲의 사진을 찍는다.
- もう少し 間を 空けて 車を とめた 方が いいですよ。
  좀 더 사이를 두고 차를 세우는 것이 좋습니다.
- 今日は 空気が とても つめたい。 오늘은 공기가 너무 차갑다.

133 N4

雨

비 우

훈 あめ・あま	雨 비　雨音 빗소리
음 う	雨季 우기(비가 오는 시기)

- 雨の せいで くつが ぬれました。 비 때문에 신발이 젖었습니다.
- 大きな 雨音に おどろきました。 큰 빗소리에 놀랐습니다.
- オーストラリアは 雨季が 長い。 오스트레일리아는 우기가 길다.

134 N4

山

메 산

훈 やま	山 산　山おく 산속, 깊은 산속
음 さん	富士山 후지산

- 今回は 山おくに ある ホテルに とまる。 이번에는 산속에 있는 호텔에 묵는다.
- 日本で 一番 高い 山は 富士山です。 일본에서 가장 높은 산은 후지산입니다.

135 N4

川

내 천

| 훈 | かわ | 川 ^{かわ} 강, 시내 |
| 음 | せん | 河川 ^{か せん} 하천 |

- 夏は 川で 水あそびを した。 여름에는 강에서 물놀이를 했다.
- 川で つった 魚を 食べます。 강에서 잡은 물고기를 먹습니다.
- 日本では 山が 多く、河川も 多い。
  일본에서는 산이 많고 하천도 많다.

136 N4

花

꽃 화

| 훈 | はな | 花 ^{はな} 꽃 |
| 음 | か | 花粉症 ^{か ふんしょう} 화분증(꽃가루 알레르기) |

- 部屋に 花を かざると 気分が いいです。 방에 꽃을 장식하면 기분이 좋습니다.
- 春は 花粉症の 薬を 飲む。 봄에는 꽃가루 알레르기 약을 먹는다.

137 N3

森

수풀 삼

| 훈 | もり | 森 ^{もり} 숲 |
| 음 | しん | 森林 ^{しんりん} 삼림, 숲 |

- この 森の 木を まもる 活動を しています。
  이 숲의 나무를 지키는 활동을 하고 있습니다.
- 森林を 歩くと リラックス 効果が ある。 숲을 걸으면 릴랙스 효과가 있다.

138 N3

林

수풀 림(임)

| 훈 | はやし | 林 ^{はやし} 숲 |
| 음 | りん | 山林 ^{さんりん} 산림(산과 숲) |

- 秋に なると 紅葉を 見に 林へ 行きます。 가을이 되면 단풍을 보러 숲에 갑니다.
- 山林の 火災は 冬に 多く なります。 산림의 화재는 겨울에 많아집니다.

139

N3

地

땅 지

| 음 | ち・じ | 産地 산지　地方 지방　地震 지진 |

- 山梨県は ももの 産地として 有名です。　야마나시현은 복숭아의 산지로 유명합니다.
- 地震で 建物が ゆれている。　지진으로 건물이 흔들리고 있다.

140

N3

田

밭 전

| 훈 | た | 田んぼ 논 |
| 음 | でん | 田園 전원 |

- この 田んぼでは 米を 作っている。　이 논에서는 쌀을 재배하고 있다.
- 地方の 田園風景を かきました。　지방의 전원 풍경을 그렸습니다.

141

N3

風

바람 풍

| 훈 | かぜ・かざ | 風 바람　風車 바람개비 |
| 음 | ふう | 強風 강풍　風車 풍차 |

- 部屋の まどから 風が 入ってくる。　방 창문으로 바람이 들어온다.
- 子どもが 風車で あそんでいます。　아이가 바람개비로 놀고 있습니다.
- 強風の ため 飛行機の 出発が おくれた。　강풍 때문에 비행기 출발이 늦어졌다.

142

N3

海

바다 해

| 훈 | うみ | 海 바다　海辺 해변, 바닷가 |
| 음 | かい | 海外 해외 |

- 海辺には たくさんの 人が 集まっている。　해변에는 많은 사람들이 모여 있다.
- 年末には 海外旅行に 行く 人が 多い。　연말에는 해외여행을 가는 사람이 많다.

池

못 지

훈 いけ	池 연못
음 ち	電池 (건)전지

- 池の 魚に えさを あげた。 연못의 물고기에게 먹이를 주었다.
- 電池の すて方が 分かりません。 건전지의 버리는 방법을 모르겠습니다.

馬

말 마

훈 うま・ま	馬 말　絵馬 에마(소원을 적어 걸어 두는 나무판)
음 ば	乗馬 승마

- 馬は 長く 走る ことが 得意です。 말은 오래 달리는 것을 잘합니다.
- 絵馬には おねがいや かんしゃを 書きます。 에마에는 소원이나 감사를 적습니다.
- 学生の ころに 乗馬を 習いました。 학생 때 승마를 배웠습니다.

鳥

새 조

훈 とり	鳥 새, 조류　小鳥 작은 새
음 ちょう	野鳥 야생의 새

- 木の 上から 小鳥の なき声が 聞こえます。
  나무 위에서 작은 새의 울음소리가 들립니다.
- 日本には やく 600しゅるいの 野鳥が いる。
  일본에는 약 600종류의 야생의 새가 있다.

暑

더울 서

훈 あつい	暑い 덥다
음 しょ	残暑 늦더위

- 外は 寒いのに 室内は 暑いです。 밖은 추운데 실내는 덥습니다.
- 今年は 残暑が 長かった。 올해는 늦더위가 길었다.

147 N3

光

빛 광

훈	ひかる・ひかり	光る 빛나다　光 빛
음	こう	月光 월광, 달빛

- 海の 中で 光る 生き物に ついて しらべた。
바닷속에서 빛나는 생물에 대해서 조사했다.
- 太陽の 光が あると 植物が よく そだつ。　햇빛이 있으면 식물이 잘 자란다.
- 夜空が 月光で 明るく 見えます。　밤하늘이 달빛으로 밝게 보입니다.

148 N3

暗

어두울 암

훈	くらい	暗い 어둡다
음	あん	暗示 암시

- 冬は 暗くなる のが 早いです。　겨울은 어두워지는 것이 빠릅니다.
- 動物たちの 行動は 何かを 暗示している。
동물들의 행동은 무엇인가를 암시하고 있다.

149 N3

色

빛 색

훈	いろ	色 색, 색깔　顔色 안색(얼굴빛)
음	しょく・しき	染色 염색　景色 경치

- 人の 顔色を 気に してしまう。　남의 안색을 신경 쓴다(눈치를 본다).
- 花や 果物で Tシャツを 染色します。　꽃이나 과일로 티셔츠를 염색합니다.
- カーテンを 開けると 外は ゆきの 景色だった。　커튼을 열자 밖은 눈의 경치였다.

150 N4

白

흰 백

훈	しろ・しら	白 하양, 흰색　白髪 백발, 흰머리
음	はく	白線 흰색 선(줄)

- 料理を 食べながら 白ワインを 飲んだ。　요리를 먹으면서 화이트 와인을 마셨다.
- 年を 取ってから 白髪が ふえました。　나이가 들면서 흰머리가 늘었습니다.
- 電車が 来るので 白線の 内側に 下がる。
전철이 오기 때문에 흰색 선 안쪽으로 물러선다.

黒

검을 흑

훈	くろ・くろい	黒 검정　黒色 검정색　黒い 검다, 까맣다
음	こく	黒糖 흑당, 흑설탕　黒板 칠판

- 車の 下から 黒ねこが 出てきた。 차 밑에서 검은 고양이가 나왔다.
- 黒い くもが 広がって 雨が ふった。 검은 구름이 퍼져 비가 내렸다.
- これは 黒糖を 使った デザートです。 이것은 흑설탕을 사용한 디저트입니다.

赤

붉을 적

훈	あか・あかい	赤 빨강　赤色 빨간색　赤い 붉다, 빨갛다
음	せき	赤飯 팥밥 (세키항: 경사스러운 날에 먹는 음식)

- 妹の 好きな 色は 赤です。 여동생이 좋아하는 색은 빨강입니다.
- みんなの 前に 立つと 顔が 赤く なる。 모두의 앞에 서면 얼굴이 빨개진다.
- お祝いに お赤飯を 作ります。 축하하기 위해 팥밥을 만듭니다.

黄

누를 황

훈	き	黄色 노랑, 노란색　黄身 노른자
음	おう	緑黄色 녹황색

- たまごの 黄身と 白身を 分けました。 달걀 노른자와 흰자를 나누었습니다.
- 緑黄色 野菜の ジュースを 飲む。 녹황색 채소 주스를 마신다.

青

푸를 청

훈	あお・あおい	青 파랑　青色 파란색　青い 푸르다, 파랗다 青白い 창백하다
음	せい	青春 청춘

- 青りんごは あまり 甘く ない。 파란 사과(풋사과)는 별로 달지 않다.
- 彼は 青白い 顔を していた。 그는 창백한 얼굴을 하고 있었다.
- ここは 青春を すごした 思い出の 場所だ。 이곳은 청춘을 보낸 추억의 장소다.

155

N3

春

봄 춘

훈	はる		春 봄
음	しゅん		新春 신춘, 새봄

• 春から 新生活が 始まります。 봄부터 새로운 생활이 시작됩니다.

• 新春を むかえて 1年の 目標を 考えた。
새봄을 맞이하여 1년의 목표를 생각했다.

156

N3

夏

여름 하

훈	なつ		夏 여름 夏休み 여름 방학, 여름휴가
음	か		夏季 하계, 여름철 冷夏 냉하(기온이 낮은 여름)

• 夏休みの 宿題が まだ 終わっていません。
여름 방학 숙제가 아직 끝나지 않았습니다.

• 今年は 冷夏で 野菜が そだたなかった。 올해는 냉하로 채소가 자라지 않았다.

157

N3

秋

가을 추

훈	あき		秋 가을
음	しゅう		秋分 추분 晩秋 늦가을

• ぶどう など 秋の 味覚を 楽しみました。 포도 등 가을의 미각을 즐겼습니다.

• 晩秋は 11月 終わりから 12月 初めごろです。
늦가을은 11월 말에서 12월 초경입니다.

158

N3

冬

겨울 동

훈	ふゆ		冬 겨울
음	とう		冬季 동계, 겨울철

• 冬は 家族で おんせん 旅行が したいです。
겨울에는 가족끼리 온천 여행을 하고 싶습니다.

• 韓国で 冬季 オリンピックが 開かれた。 한국에서 동계 올림픽이 열렸다.

✳ 밑줄 친 한자의 올바른 발음을 고르세요.

1 今日の 天気は 午後から ゆきが ふるでしょう。
きょう ご ご

   a. てんき 　b.でんき

오늘 날씨는 오후부터 눈이 내리겠습니다.

2 このごろ 毎日 雨が つづいています。
まいにち

   a. うめ 　b. あめ

요즘 매일 비가 이어지고 있습니다.

3 ここの まどから 見える 富士山は 美しい。
み ふ じ うつく

   a. ざん 　b. さん

여기 창문으로 보이는 후지산은 아름답다.

4 林の 向こうに 丘が 見えます。
む おか み

   a. はやし 　b. もり

숲 너머에 언덕이 보입니다.

5 年を 取ったら 田園住宅に 住みたい。
とし と えんじゅうたく す

   a. だん 　b. でん

나이가 들면 전원주택에 살고 싶다.

6 日本は 地震が 多い 国だ。
に ほん しん おお くに

   a. じ 　b. ち

일본은 지진이 많은 나라다.

7 海の 近くで 子どもが あそんでいる。
ちか こ

   a. いそ 　b. うみ

바다 근처에서 아이가 놀고 있다.

8 毎朝、小鳥が なく 声で 目が さめる。
まいあさ こえ め

   a. ことり 　b. こじま

매일 아침, 작은 새가 우는 소리에 눈이 떠진다.

정답 **1** a **2** b **3** b **4** a **5** b **6** a **7** b **8** a

밑줄 친 부분에 해당하는 한자를 고르세요.

1 いなかの <u>くうき</u>は とても きれいです。
시골의 공기는 매우 깨끗합니다.

　a. 突気　　b. 空気

2 <u>かわ</u>では 大人と 一緒に あそぶ。
강에서는 어른과 함께 논다.

　a. 川　　b. 州

3 ストレスを 受けた 時は <u>しん</u>林を 歩く。
스트레스를 받았을 때는 삼림(숲)을 걷는다.

　a. 深　　b. 森

4 <u>あかい</u> 色には 強い イメージが あります。
빨간색에는 강한 이미지가 있습니다.

　a. 青い　　b. 赤い

5 <u>なつ</u>休みには 車の 運転を 習う つもりだ。
여름 방학(휴가)에는 자동차 운전을 배울 생각이다.

　a. 夏　　b. 頁

6 この 時計は <u>でんち</u>で 動きます。
이 시계는 건전지로 움직입니다.

　a. 電地　　b. 電池

7 むかし、<u>うま</u>は 重要な 交通きかんでした。
옛날에 말은 중요한 교통 기관(수단)이었습니다.

　a. 午　　b. 馬

8 先生が <u>こく</u>板に 問題の 答えを 書きました。
선생님이 칠판에 문제의 답을 적었습니다.

　a. 墨　　b. 黒

정답　1 b　2 a　3 b　4 b　5 a　6 b　7 b　8 b

7

쇼핑 · 장보기

이 과에서 학습할 한자

159 一	160 二	161 三	162 四
163 五	164 六	165 七	166 八
167 九	168 十	169 百	170 千
171 万	172 円	173 高	174 安
175 多	176 少	177 売	178 買
179 長	180 短	181 服	182 着
183 物	184 大	185 中	186 小

159 N4

一

한 일

훈 ひと・ひとつ	一目 한눈(한 번 봄)	一つ 하나, 한 개
음 いち・いつ	一 1, 일　一人前 1인분	均一 균일

- いちごの ケーキを 一つ ください。　딸기 케이크를 한 개 주세요.
- うどんを 一人前 たのんだ。　우동을 1인분 주문했다(시켰다).
- 「100円均一」には 何でも 売っている。　'100엔 균일샵'에서는 무엇이든지 팔고 있다.

160 N4

二

두 이

훈 ふた・ふたつ	二重 쌍꺼풀(눈)	二つ 둘, 두 개
음 に	二 2, 둘	

- むすめの 目は つまに にて 二重だ。　딸의 눈은 아내를 닮아 쌍꺼풀눈이다.
- 意見が 二つに 分かれた。　의견이 둘로 갈렸다.
- この 店に 来る のは 二度目だ。　이 가게에 오는 것은 두 번째다.

161 N4

三

석 삼

훈 み・みっつ	三度 세 번 (= 三度)	三つ 셋, 세 개
음 さん	三 3, 셋	三枚 세 장

- 今日は、りんごが 三つで 200円です！
  오늘은 사과가 세 개에 200엔입니다!
- 博物館の チケットを 三枚 もらった。　박물관 티켓을 세 장 받았다.

162 N4

四

넉 사

훈 よ・よっつ・よん	四人 네 명　四つ 넷, 네 개	四番目 네 번째
음 し	四 4, 넷　四月 4월	

- いつも 四人で 買い物に 行きます。　항상 넷이서 쇼핑하러 갑니다.
- 四つ 入りの セットに しました。　네 개들이 세트로 했습니다.
- 列に ならぶと 前から 四番目でした。　줄을 서니 앞에서 네 번째였습니다.
- 四月に 新学期の じゅんびを する。　4월에 신학기 준비를 한다.

五

다섯 오

훈	いつ・いつつ	五日 5일　五つ 다섯, 다섯 개
음	ご	五 5, 다섯　五個 다섯 개

- デパートは 工事のため、五日間 休みます。　백화점은 공사 때문에 5일간 쉽니다.
- 大きな ケーキを 五つに 切って 食べた。　큰 케이크를 다섯 조각으로 잘라 먹었다.
- おにぎりを 五個 買って みんなで 食べる。　주먹밥을 다섯 개 사서 다 같이 먹는다.

六

여섯 륙(육)

훈	むい・むっつ	六日 6일　六つ 여섯, 여섯 개
음	ろく	六 6, 여섯　六冊 여섯 권

- 今月の セールは 六日から 始まる。　이번 달 세일은 6일부터 시작한다.
- 六つの 商品を まとめて 買いました。　여섯 개의 상품을 한꺼번에 샀습니다.
- 同じ 作家の 本を 六冊 集めました。　같은 작가의 책을 여섯 권 모았습니다.

七

일곱 칠

훈	なな・ななつ・なの	七 7, 일곱　七つ 일곱, 일곱 개　七日 7일
음	しち	七 7, 일곱　七月 7월

- スタンプを 七つ 集めると クーポンが もらえる。
  스탬프를 일곱 개 모으면 쿠폰을 받을 수 있다.

- イベントの 期間は 七日間です。　이벤트 기간은 7일간입니다.
- 七月だけの 特別 かかくです。　7월만의 특별 가격입니다.

八

여덟 팔

훈	や・やっつ・よう	八百屋 채소 가게　八つ 여덟, 여덟 개　八日 8일
음	はち	八 8, 여덟　八人 여덟 명

- クッキーが 八つ 入った はこが とどいた。　쿠키가 여덟 개 든 상자가 도착했다.
- 店員は 八日に 新商品が 出ると 言った。　점원은 8일에 신상품이 나온다고 했다.
- 八人で バーベキューの 買い出しに 来た。　여덟 명이서 바비큐 장을 보러 왔다.

167 九 N4

| 훈 | ここの・ここのつ | 九日 9일　九つ 아홉, 아홉 개 |
| 음 | きゅう・く | 九 9, 아홉　九杯 아홉 잔　九時 아홉 시 |

- 毎月 九日は 買い物の ポイントが 2ばい つきます。
  매달 9일은 쇼핑 포인트가 두 배 붙습니다.
- スニーカーの 色が 九つも あって えらべない。
  운동화 색깔이 아홉 가지나 돼서 못 고르겠다.
- 会議で 出す コーヒーを 九杯 買って 来た。　회의에서 낼 커피를 아홉 잔 사 왔다.
- この スーパーは 午後 九時までだ。　이 슈퍼는 오후 9시까지다.

아홉 구

168 十 N4

| 훈 | とお・と | 十日 10일　十色 10색(열 가지 색) |
| 음 | じゅう・じっ | 十 10, 열　十時 열 시　十本 열 병, 열 자루 |

- この つくえが とどいてから 十日後に 返品した。
  이 책상이 도착하고 나서 열흘 후에 반품했다.
- 十時まで 開いている カフェは 少ない。　10시까지 문을 여는 카페는 적다.
- デッサン用の えんぴつを 十本 買います。　데생용 연필을 열 자루 삽니다.

열 십

169 百 N4

| 음 | ひゃく | 百 100, 백　百円 100엔　百年 100년 |

- これを 百円玉に りょうがえして ください。
  이것을 백 엔짜리 동전으로 바꿔 주세요.
- ここは 百年 つづいている お菓子の 店です。
  이곳은 백 년째 이어 오고 있는 과자 가게입니다.

일백 백

170 千 N4

| 훈 | ち | 千歳 천세, 천년, 긴 세월 (여기서는 공항 이름) |
| 음 | せん | 千 1,000, 천　千円 1,000엔 |

- 新千歳空港で 北海道の おみやげを 買った。
  신치토세 공항에서 홋카이도 기념품을 샀다.
- ここの 商品は すべて 千円です。　여기 상품은 모두 천 엔입니다.

일천 천

N4

万

일만 만

| 음 | まん・ばん | 万 10,000, 만 -万円 -만엔 万能 만능 |

・飛行機の チケットは 8万円だった。 비행기 표는 8만 엔이었다.

・広告で 見た 万能 ソースが 買いたいです。
광고에서 본 만능 소스를 사고 싶습니다.

N4

円

둥글 원 / 화폐 단위 엔

| 훈 | まるい | 円い 둥글다 |
| 음 | えん | 円 원, 둥근 것, -엔(일본의 화폐 단위) |

・そこは 円い まどの おしゃれな レストランです。
그곳은 둥근 창문이 있는 세련된 레스토랑입니다.

・空港で 円を ウォンに かえました。 공항에서 엔화를 원화로 바꿨습니다.

N4

高

높을 고

| 훈 | たかい・たかまる・たかめる | 高い 높다, 비싸다 高まる 높아지다 高める 높이다 |
| 음 | こう | 高級 고급 |

・スイスは 物価が 高い。 스위스는 물가가 비싸다.

・プレゼントへの 期待が 高まった。 선물에 대한 기대가 높아졌다.

・デザインが 商品の 価値を 高める。 디자인이 상품의 가치를 높인다.

・記念日は 高級な レストランを よやくします。
기념일에는 고급 레스토랑을 예약합니다.

N4

安

편안 안

| 훈 | やすい | 安い 싸다 |
| 음 | あん | 安心 안심 |

・あまりにも 安いと 心配に なります。 너무나도 싸면 걱정이 됩니다.

・この 店の ものは 安心して 食べられる。 이 가게의 것은 안심하고 먹을 수 있다.

175 N4

多

많을 다

훈	おおい	多^{おお}い 많다
음	た	多^た様^{よう} 다양

- この レストランは 外国人^{がいこくじん}の お客^{きゃく}さんが 多^{おお}い。
  이 레스토랑은 외국인 손님이 많다.

- 多^{たよう}な コーヒー豆^{まめ}を 販売^{はんばい}しています。
  다양한 커피콩을(원두를) 판매하고 있습니다.

176 N4

少

적을 소 / 젊을 소

훈	すくない · すこし	少^{すく}ない 적다 少^{すこ}し 조금
음	しょう	少^{しょうしょう}々 잠시, 잠깐 (々: 같은 글자가 반복될 때 쓰는 부호)

- りょうが 少^{すく}なくても おいしい ものが 食^たべたいです。
  양이 적더라도 맛있는 것을 먹고 싶습니다.

- 人^{ひと}が 多^{おお}くて 商品^{しょうひん}は 少^{すこ}ししか 見^みられなかった。
  사람이 많아서 상품은 조금밖에 못 봤다.

- 店員^{てんいん}から 少^{しょうしょう}々 お待^まちくださいと 言^いわれた。 점원이 잠시만 기다려 달라고 했다.

177 N3

売

팔 매

훈	うる · うれる	売^うる 팔다 売^うれる 팔리다
음	ばい	売^{ばいてん}店 매점

- コンビニで 売^うっている ワインは 安^{やす}い。 편의점에서 팔고 있는 와인은 싸다.

- この スマホは よく 売^うれています。 이 스마트폰은 잘 팔리고 있습니다.

- 売^{ばいてん}店に さいふを 忘^{わす}れてきた。 매점에 지갑을 두고 왔다.

178 N4

買

살 매

훈	かう	買^かう 사다
음	ばい	売^{ばいばい}買 매매(팔고 사는 것)

- コーヒーと おやつを 買^かいましょう。 커피와 간식을 삽시다.

- サイト内^{ない}で 商品^{しょうひん}の 売買^{ばいばい}が できる。 사이트 내에서 상품 매매를 할 수 있다.

N4

長

길 장

| 훈 | ながい | 長い 길다　長さ 길이 |
| 음 | ちょう | 長時間 장시간　長所 장점 |

- ズボンの 長さを なおしてもらいました。　바지 길이를(기장을) 수선받았습니다.
- 買い物を しながら 長時間 歩いた。　쇼핑을 하면서 장시간 걸었다.

N3

短

짧을 단

| 훈 | みじかい | 短い 짧다 |
| 음 | たん | 短所 단점 |

- 黒の 短い 靴下を 二つ ください。　검정색 짧은 양말을 두 개 주세요.
- この 店の 短所は 開店時間が おそい ことだ。
　이 가게의 단점은 개점 시간이 늦다는 것이다.

N3

服

옷 복

| 음 | ふく | 服 옷　子供服 아동복　制服 교복, 유니폼 |

- 会社に 着て 行く 服が あまり ない。　회사에 입고 갈 옷이 별로 없다.
- 子供服の 売り場は 5かいです。　아동복 매장은 5층입니다.

N3

着

붙을 착

| 훈 | きる・つく | 着る 입다　着く 닿다, 도착하다 |
| 음 | ちゃく | 到着 도착 |

- 着てみたら とても 着やすかったです。　입어 보니 너무 입기 편했습니다.
- ご注文の 物が 店に 着いたら れんらくします。
　주문하신 물건이 가게에 도착하면 연락드리겠습니다.
- ネットで 買った 物が 到着した。　인터넷에서 산 물건이 도착했다.

183 · N3 物 물건 물

훈	もの	物 것, 물건 　買い物 쇼핑, 장보기
음	ぶつ・もつ	物流 물류 　食物 음식물

- ほしい 物が たくさん あります。 갖고 싶은 것이 많이 있습니다.
- 物流センターから 荷物が 来た。 물류 센터에서 짐이 왔다.
- 私は 食物アレルギーが あります。 저는 음식물 알레르기가 있습니다.

184 · N4 大 클 대

훈	おお・おおきい	大型 대형 　大きい 크다
음	だい・たい	大体 대개, 대체로 　大切 중요함, 소중함

- 大型犬用の エサを 注文します。 대형견용의 사료를 주문합니다.
- 一つ 大きい サイズは ありますか。 하나 큰 사이즈는 있나요?
- 大体 いつも 同じ 店に 行きます。 대체로 항상 같은 가게에 갑니다.
- 大切な 人に おくり物を する。 소중한 사람에게 선물을 한다.

185 · N4 中 가운데 중

훈	なか	中 안, 속
음	ちゅう・じゅう	中古 중고 　一日中 하루 종일

- この かばんは 中に 物が たくさん 入る。 이 가방은 안에 물건이 많이 들어간다.
- この ノートパソコンは 中古で 買った ものです。
이 노트북은 중고로 산 것입니다.
- ショッピングモールで 一日中 すごした。 쇼핑몰에서 하루 종일 지냈다.

186 · N4 小 작을 소

훈	ちいさい・こ	小さい 작다 　小型 소형
음	しょう	小学校 초등학교

- ポップコーンの 一番 小さい サイズを ください。
팝콘 제일 작은 사이즈를 주세요.
- 小型の カメラを さがしているんですが。 소형 카메라를 찾고 있는데요.
- 小学校で 使う 教科書を じゅんびします。
초등학교에서 사용할 교과서(교재)를 준비합니다.

✳ 밑줄 친 한자의 올바른 발음을 고르세요.

1 この ケーキは <u>一</u>つでも 買える。
                   か
이 케이크는 하나라도 살 수 있다.

                                       a. ひと   b. いつ

2 ドルと <u>円</u>の レートは 毎日 かわります。
                         まいにち
달러와 엔의 환율은 매일 바뀝니다.

                                         a. げん   b. えん

3 <u>中古</u>品を 売る 専門の 店が あります。
     ひん う   せんもん みせ
중고품을 파는 전문 가게가 있습니다.

                                         a. ちゅうこ   b. じゅうご

4 世界中の <u>多様</u>な コーヒーが 飲める。
   せ かいじゅう   の
전 세계의 다양한 커피를 마실 수 있다.

                                         a. だいよう   b. たよう

5 商品の <u>売買</u>で トラブルが 起きた。
   しょうひん   お
상품 매매에서 트러블이 일어났다.

                                         a. ばいばい   b. ばいまい

6 パソコンを <u>長</u>時間 使って 目が 痛い。
             じ かん つか   め いた
컴퓨터를 장시간 사용해서 눈이 아프다.

                                         a. ちょう   b. ちゅう

7 そばの <u>食物</u>アレルギーが ある。
메밀의 음식 알레르기가 있다.

                                 a. しょくもつ   b. しょくぶつ

8 次の 電車は 9時に 到<u>着</u>します。
   つぎ でんしゃ く じ とう
다음 전철은 9시에 도착합니다.

                                         a. たつ   b. ちゃく

정답 **1** a   **2** b   **3** a   **4** b   **5** a   **6** a   **7** a   **8** b

밑줄 친 부분에 해당하는 한자를 고르세요.

1 目が ふたえの 人は いんしょうに のこる。
눈이 쌍꺼풀인 사람은 인상에 남는다.

a. 両重　b. 二重

2 来月の むいかが 彼の 誕生日です。
다음 달 6일이 그의 생일입니다.

a. 五日　b. 六日

3 この 近くには ひゃく円ショップが ない。
이 근처에는 백 엔샵이 없다.

a. 百　b. 千

4 人気商品は 後 すこししか なかった。
인기 상품은 앞으로 조금밖에 없었다.

a. 小し　b. 少し

5 韓国料理で コチュジャンは ばん能です。
한국 요리에서 고추장은 만능입니다.

a. 反　b. 万

6 どんな 人にも 長所と たんしょが ある。
어떤 사람이라도 장점과 단점이 있다.

a. 短所　b. 単所

7 公務員でも せいふくを 着ない 人も いる。
공무원이라도 유니폼을 입지 않는 사람도 있다.

a. 制服　b. 正腹

8 けがは ないから あんしんして ください。
다친 데는 없으니 안심하세요.

a. 案心　b. 安心

정답　1 b　2 b　3 a　4 b　5 b　6 a　7 a　8 b

외출 · 교통

이 과에서 학습할 한자

187	出	188	発	189	方	190	番
191	車	192	歩	193	走	194	動
195	止	196	合	197	回	198	会
199	開	200	急	201	待	202	度
203	乗	204	始	205	運	206	転

187 · N4

出

날 출

훈 でる・だす	出口 출구　出る 나가다, 나오다　出す 내다	
음 しゅつ	出動 출동　出発 출발(촉음화)	

- 駅の 3番 出口から 出てください。　역의 3번 출구에서(출구로) 나가세요.
- かばんから パスポートを 出した。　가방에서 여권을 꺼냈다.
- 出発 前に 忘れ物が ないか かくにんした。　출발 전에 분실물이 없는지 확인했다.

188 · N3

発

필발 / 쏠 발

음 はつ	始発 첫 출발　発見 발견(촉음화)

- 始発の 列車に 乗る ために 早く 起きた。　첫 열차를 타기 위해 일찍 일어났다.
- 近所に いい 美容院を 発見した。　근처에 좋은 미용실을 발견했다.

189 · N3

方

모 방 / 본뜰 방

훈 かた	大方 대부분, 대강, 대충
음 ほう	方向 방향

- 地図を 見て 大方は 分かりました。　지도를 보고 대충은 알겠습니다.
- 歩いてきた 方向に もどります。　걸어온 방향으로 돌아갑니다.

190 · N2

番

차례 번

음 ばん	交番 파출소　何番 몇 번

- 道に まよって 交番で 聞きました。　길을 잃어 파출서에 물었습니다.
- 何番の バスに 乗れば いいですか。　몇 번 버스를 타면 됩니까?

N4

車

수레 차 / 수레 거

| 훈 | くるま | ^{くるま}車 차, 자동차 |
| 음 | しゃ | ^{れっしゃ}列車 열차　^{でんしゃ}電車 전철 |

- ^{さむ}寒いから ^{くるま}車で ^い行きましょう。 추우니까 차로 갑시다.
- ^{れっしゃ}列車に ^の乗って ヨーロッパを ^{たび}旅したい。 열차를 타고 유럽을 여행하고 싶다.

N3

歩

걸음 보

| 훈 | あるく・あゆむ | ^{ある}歩く 걷다　^{あゆ}歩む 걷다, (때를) 보내다 |
| 음 | ほ | ^ほ-歩 -보, 걸음 (ぼ・ぽ)　^{ほどう}歩道 보도(인도) |

- ^{きょう}今日は ^{に まん ぽ}2万歩も ^{ある}歩きました。 오늘은 2만 보나 걸었습니다.
- ^{かのじょ}彼女とは ^{べつ}別の ^{みち}道を ^{あゆ}歩む ことに した。 그녀와는 다른 길을 가기로 했다.
- ^{ほどう}歩道が ^{ひろ}広くて ^{ある}歩きやすい。 보도가 넓어서 걷기 편하다.

N3

走

달릴 주

| 훈 | はしる | ^{はし}走る 달리다 |
| 음 | そう | ^{きょうそう}競走 경주(달리기) |

- この ^{くるま}車は もう ^{にじゅうまん}20万キロも ^{はし}走った。 이 차는 벌써 20만 km나 달렸다.
- ^{とも}友だちと ^{がっこう}学校から ^{いえ}家まで ^{きょうそう}競走しました。 친구와 학교에서 집까지 경주했습니다.

N3

動

움직일 동

| 훈 | うごく・うごかす | ^{うご}動く 움직이다　^{うご}動かす 움직이게 하다, 작동시키다 |
| 음 | どう | ^{こうどう}行動 행동　^{こうどうりょく}行動力 행동력 |

- くもが ゆっくり ^{うご}動いている。 구름이 천천히 움직이고 있다.
- ^{かれ}彼は ^{こうどうりょく}行動力が ある。 그는 행동력이 있다.

195 N3

止

그칠 지

훈 とまる・とめる	止まる 멈추다　止める 세우다
음 し	中止 중지

- 赤信号で みんな 止まりました。 빨간불에서 모두 멈췄습니다.
- 今日の コンサートは 中止です。 오늘 콘서트는 중지입니다.

196 N3

合

합할 합

훈 あう・あわす・あわせる	合う 맞다　合わす 합치다, 모으다　合わせる 맞추다
음 ごう・がっ・かっ	集合 집합　合宿 합숙　合戦 싸움, 전투

- 気が 合う 人との 旅行は 楽しいです。 마음이 맞는 사람과의 여행은 즐겁습니다.
- よていを 合わせて 一緒に 出かけた。 예정을 맞춰 함께 나갔다.
- 会社に 集合してから 出発する。 회사에 집합하고 나서 출발한다.
- 部活の 合宿には 新幹線で 行きます。 동아리 합숙에는 신칸센으로 갑니다.

197 N3

回

돌아올 회

훈 まわる・まわす	回る 돌다　回す 돌리다
음 かい	今回 이번, 금번　何回 몇 번

- 今回は 観光地を いくつか 回った。 이번에는 관광지를 몇 군데 돌았다.
- 何回も 行ったので 道を おぼえています。
몇 번이나 갔기 때문에 길을 기억하고 있습니다.

198 N4

会

모일 회

훈 あう	会う 만나다
음 かい	学会 학회　会場 회장(모임 장소)

- 両親に 会う のは ひさしぶりです。 부모님을 만나는 것은 오랜만입니다.
- 学会に 出席する ため 会場に 向かう。 학회에 출석하기 위해 회장으로 향한다.

199 N3

開

열 개

훈	ひらく・ひらける あく・あける	開く 열리다　開ける 열다 開く 열리다　開ける 열다
음	かい	開業 개업(사업을 시작함)

- タクシーの ドアが 自動で 開く。 택시 문이 자동으로 열린다.
- 店が 開く 5分 前に 到着した。 가게가 열리기 5분 전에 도착했다.
- リニア新幹線が 開業する よていです。 리니어 신칸센이 개업할 예정입니다.

200 N3

急

급할 급

훈	いそぐ	急ぐ 서두르다
음	きゅう	救急車 구급차

- 今日は 急いでいるので お先に しつれいします。
  오늘은 급해서 먼저 실례하겠습니다(가겠습니다).
- 救急車が 来たので 道を 空けます。 구급차가 왔기 때문에 길을 냅니다(틉니다).

201 N3

待

기다릴 대

훈	まつ	待つ 기다리다
음	たい	期待 기대

- 駅の ホームで 電車を 待ちます。 역 플랫폼에서 전철을 기다립니다.
- 初めての 海外旅行に 期待している。 첫 해외여행에 기대하고 있다.

202 N3

度

법도 도

음	ど	今度 이번, 이다음(에)　温度 온도

- 今度 一緒に あそびましょう。 다음에 같이 놀아요.
- バスの 中の 温度が とても 高い。 버스 안 온도가 너무 높다.

203

乗

탈 승

훈	のる・のせる	乗る 타다 乗せる 태우다
음	じょう	乗客 승객

- 一つ 前の 駅で 観光客が たくさん 乗ってきた。
  한 정거장 앞에서 관광객이 많이 타고 왔다.

- 乗客への アナウンスが ながれた。 승객에게 안내 방송이 흘러나왔다.

204

始

비로소 시

훈	はじめる・はじまる	始める 시작하다 始まる 시작되다
음	し	始業 시업(수업이나 작업을 시작함)

- 車を 買う 前に 運転の 練習を 始めた。 차를 사기 전에 운전 연습을 시작했다.

- 始業時間に 間に 合う ように 家を 出る。 수업 시작 시간에 맞추어 집을 나선다.

205

運

옮길 운

훈	はこぶ	運ぶ 옮기다, 운반하다
음	うん	運行 운행

- トラックで 引っこしの 荷物を 運んだ。 트럭으로 이삿짐을 옮겼다.

- バスは 時間通りに 運行しています。
  버스는 시간에 맞게(제시간에) 운행하고 있습니다.

206

転

구를 전

훈	ころがる・ころぶ・ころがす	転がる 구르다, 굴러가다 転ぶ 구르다, 넘어지다 転がす 굴리다, 넘어뜨리다
음	てん	自転車 자전거 運転 운전 転職 전직, 이직

- ボールが 道に 転がっている。 공이 길에 굴러가고 있다.

- 駅の かいだんで 転んだ。 역의 계단에서 넘어졌다.

- 今日は 自転車で 出かけました。 오늘은 자전거로 외출했습니다.

✳ 밑줄 친 한자의 올바른 발음을 고르세요.

1 この 建物は 出口と 入口が 別です。

이 건물은 출구와 입구가 별도입니다(따로 있습니다).

a. で b. だ

2 日本では 列車の 旅行が 人気だ。

일본에서는 열차 여행이 인기다.

a. ちゃ b. しゃ

3 地図を 見ても 方向が 分からない。

지도를 봐도 방향을 모르겠다.

a. しん b. ほう

4 東京駅に 行く 電車は 5番の ホームです。

도쿄역으로 가는 전철은 5번 플랫폼입니다.

a. ばん b. ぼん

5 彼と 同じ 道を 歩もうと 考えている。

그와 같은 길을 걸으려고 생각하고 있다.

a. ある b. あゆ

6 店は 毎日 午前 10時から 開いています。

가게는 매일 오전 10시부터 열려 있습니다(문을 엽니다).

a. あ b. か

7 みんなが 期待しているので きんちょうする。

모두가 기대하고 있어서 긴장된다.

a. きたい b. きぼう

8 道で 転んで 手と 足に けがを した。

길에서 넘어져서 손과 발에 상처를 입었다(다쳤다).

a. ころ b. なら

정답 **1** a **2** b **3** b **4** a **5** b **6** a **7** a **8** a

◆ 밑줄 친 부분에 해당하는 한자를 고르세요.

1 運動会で きょうそうが 得意だった。

　　a. 競走　　b. 競奏

운동회에서 경주를 잘했다(달리기가 특기였다).

2 雨なので 試合は ちゅうしに します。

　　a. 中止　　b. 中士

비가 내리니 시합은 중지하겠습니다.

3 あの 人とは よく 気が あう。

　　a. 会う　　b. 合う

저 사람과는 마음이 잘 맞는다.

4 忙しくて 今かいは どこにも 行けなかった。

　　a. 度　　b. 回

바빠서 이번에는 아무 데도 가지 못했다.

5 初めて あった 人なのに 親しく 話が できた。

　　a. 会った　　b. 有った

처음 만난 사람인데도 친하게 이야기를 할 수 있었다.

6 電車に のる 時に 急いで 行く のは きけんです。

　　a. 走る　　b. 乗る

전철을 탈 때에 서둘러 가는 것은 위험합니다.

7 今日から 全員 一緒に 練習を はじめた。

　　a. 初めた　　b. 始めた

오늘부터 모두 함께 연습을 시작했다.

8 友だちが 荷物を はこぶ のを 手伝ってくれた。

　　a. 運ぶ　　b. 連ぶ

친구가 짐을 옮기는 것을 도와주었다.

정답　**1** a　**2** a　**3** b　**4** b　**5** a　**6** b　**7** b　**8** a

UNIT 9

학교 · 공부

이 과에서 학습할 한자

207 入	208 学	209 校	210 友
211 先	212 生	213 本	214 見
215 勉	216 強	217 試	218 験
219 点	220 数	221 考	222 教
223 説	224 紙	225 意	226 題
227 英	228 漢	229 質	230 問
231 答	232 分	233 知	234 特

86

207

N4

入

들 입

훈	いれる・はいる	入れる 넣다　入る 들어가다, 들어오다
음	にゅう	入試 입시　入学式 입학식

- かばんに 教科書と ノートを 入れる。　가방에 교과서(교재)와 노트를 넣는다.
- 私立小学校に 入る のは 大学入試より むずかしい。
  사립 초등학교에 들어가는 것은 대학 입시보다 어렵다.
- 高校の 入学式に 出ます。　고등학교 입학식에 나갑니다.

208

N4

学

배울 학

훈	まなぶ	学ぶ 배우다
음	がく	留学 유학　学校 학교(촉음화)

- 大学では けいざいを 学んでいます。　대학에서는 경제를 배우고 있습니다.
- 留学する ことに きめました。　유학하기로 결정했습니다.
- 学校では 明日から 期末試験だ。　학교에서는 내일부터 기말고사다.

209

N4

校

학교 교

음	こう	校内 교내(학교 내)　転校 전학

- 校内の スピーチ大会に 参加した。　교내 스피치(연설) 대회에 참가했다.
- 中学の 時に 一度 転校しました。　중학교 때에 한번 전학갔습니다.

210

N4

友

벗 우

훈	とも	友だち 친구
음	ゆう	親友 (친한) 친구

- 友だちと 同じ クラスに なった。　친구와 같은 반이 되었다.
- 私たちは 親友です。　우리는 친한 친구입니다.

N4

先

먼저 선

| 훈 | さき | 先^{さき}に 앞서, 먼저 |
| 음 | せん | 先生^{せんせい} 선생님 |

- 彼^{かれ}より 先^{さき}に 答^{こた}えが 分^わかった。 그보다 먼저 답을 알았다.
- 集中^{しゅうちゅう}して 先生^{せんせい}の 話^{はなし}を 聞^ききます。 집중해서 선생님의 말씀을 듣습니다.

N4

生

날 생

| 훈 | いきる・いかす
うまれる・うむ・なま | 生^いきる 살다 生^いかす 살리다
生^うまれる 태어나다 生^うむ 낳다 生^{なま}- 생-, 날- |
| 음 | せい・しょう | 生徒^{せいと} (중·고교) 학생 一生^{いっしょう} 일생, 평생 |

- アルバイトを すれば「生^いきた 日本語^{にほんご}」が 勉強^{べんきょう}できる。
  아르바이트를 하면 '살아 있는 일본어'를 공부할 수 있다.
- 先生^{せんせい}に 娘^{むすめ}が 生^うまれた らしい。 선생님에게 딸이 태어났대.
- 朝^{あさ}は 生放送^{なまほうそう}の ニュースを 見^みる。 아침에는 생방송 뉴스를 본다.
- この 教室^{きょうしつ}には 20人^{にじゅうにん}の 生徒^{せいと}が いる。 이 교실에는 20명의 학생이 있다.
- 水泳^{すいえい}を 一生^{いっしょう} つづけたい。 수영을 평생 계속하고 싶다.

N4

本

근본 본

| 훈 | もと | 本^{もと} 근본, 근간 |
| 음 | ほん | 本^{ほん} 책 |

- 彼^{かれ}の 考^{かんが}えの 大本^{おおもと}には 愛^{あい}が ある。 그의 생각의 근본에는 사랑이 있다.
- 月^{つき}に 1冊^{いっさつ}は 本^{ほん}を 読^よんでいる。 한 달에 한 권은 책을 읽고 있다.

N4

見

볼 견

| 훈 | みる・みえる・
みせる | 見^みる 보다 見^みえる 보이다
見^みせる (남에게) 보이다 |
| 음 | けん | 見学^{けんがく} 견학 |

- 先生^{せんせい}に もらった プリントを 見^みる。 선생님께 받은 프린트를 본다.
- 友^{とも}だちに 教科書^{きょうかしょ}を 見^みせた。 친구에게 교과서(교재)를 보여 주었다.
- 学校^{がっこう}を 見学^{けんがく}しに 行^いった。 학교를 견학하러 갔다.

215 N3
勉
힘쓸 면

음 べん　　　勉強 공부　勉学 면학(학문에 힘씀)

- 夏休みは 図書館で 勉強します。 여름 방학에는 도서관에서 공부합니다.
- 受験の ために 勉学に 集中します。 수험을(입시를) 위해 면학에 집중합니다.

216 N3
強
강할 강

훈 つよい・つよまる・つよめる　　強い 강하다, 세다　強まる 강해지다, 세지다　強める 강하게 하다, 세게 하다

음 きょう　　強化 강화

- 彼は 数字に 強い。 그는 숫자에 강하다.
- 台風が 強まって 学校が 休みに なった。 태풍이 강해져 학교가 휴교가 되었다.
- 英語の 会話力を 強化する。 영어 회화 실력을 강화한다.

217 N3
試
시험할 시

훈 こころみる　　試みる 시험해 보다, 시도하다

음 し　　試験 시험

- いろいろな 方法を 試みました。 여러 가지 방법을 시도했습니다.
- 試験期間中は みんな つかれている。 시험 기간 중에는 모두 피곤하다(지쳐 있다).

218 N3
験
시험 험

음 けん　　受験 수험(시험을 치름)　体験 체험

- 受験が 終わったら たくさん あそびたい。 수험이(입시가) 끝나면 많이 놀고 싶다.
- ボランティア活動を 体験した。 자원봉사 활동을 체험했다.

219

N2

点

점 점

| 음 てん | -点 -점　点数 점수 |

- バスケの 試合で 30点 取りました。 농구 시합에서 30점 땄습니다.
- 試験の 点数が 思ったより よかった。
  시험 점수가 생각보다 좋았다.

220

N2

数

셈 수

| 훈 かず・かぞえる | 数 수　数える 세다, 셈하다 |
| 음 すう | -数 -수　数学 수학　数字 숫자 |

- 校内に ある パソコンの 数を かくにんする。 교내에 있는 컴퓨터 수를 확인한다.
- 出席者数を 数えました。 출석자 수를 세었습니다.
- 苦手な 科目は 数学です。 싫어하는 과목은 수학입니다.

221

N3

考

생각할 고

| 훈 かんがえる | 考える 생각하다 |
| 음 こう | 参考 참고 |

- どの 大学に 行くか よく 考えた。 어느 대학에 갈지 잘 생각했다.
- 父の アドバイスを 参考に します。 아버지의 조언을 참고로 하겠습니다.

222

N3

教

가르칠 교

| 훈 おしえる・おそわる | 教える 가르치다　教わる 배우다 |
| 음 きょう | 教授 교수　教科書 교과서, 교재 |

- 姉が 数学を 教えてくれます。 언니(누나)가 수학을 가르쳐 줍니다.
- 料理は 兄に 教わった。 요리는 오빠(형)에게 배웠다.
- 教授の お話を 聞いた。 교수님의 말씀을 들었다.

90

223

N3

説

말씀 설

훈 とく	説_とく 설명하다, 설득하다	
음 せつ	小説_{しょうせつ} 소설　説明_{せつめい} 설명	

- 先生_{せんせい}は いつも 学生_{がくせい}たちに 読書_{どくしょ}の ふかい 意味_{いみ}を 説_といた。
  선생님은 항상 학생들에게 독서의 깊은 의미를 설명했다.

- いつか 日本語_{にほんご}で 小説_{しょうせつ}を 読_よみたい。 언젠가 일본어로 소설을 읽고 싶다.

- 先生_{せんせい}の 説明_{せつめい}が 分_わかりやすかった。 선생님의 설명이 알기(이해하기) 쉬웠다.

224

N3

紙

종이 지

훈 かみ	紙_{かみ} 종이	
음 し	用紙_{ようし} 용지	

- 私_{わたし}は 紙_{かみ}の 本_{ほん}の 方_{ほう}が 好_すきです。 저는 종이 책을 더 좋아합니다.

- 用紙_{ようし}に 入_{はい}りたい サークルを 書_かいた。 용지에 들어가고 싶은 동아리를 적었다.

225

N3

意

뜻 의

음 い	意見_{いけん} 의견　意味_{いみ} 의미	

- みんなの 前_{まえ}で 意見_{いけん}を 発表_{はっぴょう}します。 모두의 앞에서 의견을 발표합니다.

- 単語_{たんご}の 意味_{いみ}を しらべた。 단어의 의미를 조사했다.

226

N3

題

제목 제

음 だい	題名_{だいめい} 제목　課題_{かだい} 과제	

- 読_よみたい 本_{ほん}の 題名_{だいめい}を 忘_{わす}れた。 읽고 싶은 책의 제목을 잊어버렸다.

- 化学_{かがく}の 課題_{かだい}は 今日_{きょう}の 3時_{さんじ}までです。 화학 과제는 오늘 3시까지입니다.

227

N3

英

꽃부리 영

음 えい

英文 영문 英語 영어

- 英文の ニュース記事を 読みます。 영문 뉴스 기사를 읽습니다.

- 英語よりも 日本語の 方が 勉強しやすい。 영어보다도 일본어 쪽이 공부하기 쉽다.

228

N3

漢

한나라 한

음 かん

漢字 한자 漢文 한문

- 何回も 書いて 漢字を おぼえます。 몇 번이나 써서 한자를 외웁니다.

- 漢文の 授業を えらびました。 한문 수업을 선택했습니다.

229

N3

質

바탕 질

음 しつ

質問 질문 体質 체질

- 分からない 時は 先生に 質問します。 모를 때는 선생님에게 질문합니다.

- 牛乳が 体質に 合わない ようです。 우유가 체질에 맞지 않는 것 같습니다.

230

N3

問

물을 문

훈 とう・とい

問う 묻다, 질문하다 問い 물음, 질문

음 もん

問題 문제

- 問いの 意味が 理解できなかった。 질문의 의미를 이해하지 못했다.

- 問題用紙が 1まい 足りません。 문제 용지가 한 장 부족합니다.

231 答 N3

훈	こたえる・こたえ	答^{こた}える 대답하다　答^{こた}え 답, 대답, 해답
음	とう	回答^{かいとう} 회답, 답변

- めんせつかんの 質問^{しつもん}に 答^{こた}えます。 면접관의 질문에 대답합니다.
- 最後^{さいご}の 問題^{もんだい}の 答^{こた}えが 分^わからなかった。 마지막 문제의 답을 알지 못했다.
- アンケートに 回答^{かいとう}した。 앙케트(설문 조사)에 답변했다.

대답 답

232 分 N4

훈	わける・わかれる・わかる	分^わける 나누다　分^わかれる 나뉘다 分^わかる 알다
음	ぶん・ふん・ぶ	半分^{はんぶん} 반, 절반　-分^{ふん} -분(ぶん・ぷん) 五分五分^{ごぶごぶ} 막상막하, 비등함

- みんなで お菓子^{かし}を 分^わけて 食^たべました。 다 같이 과자를 나누어 먹었습니다.
- 答^{こた}えが 分^わかったら 手^てを あげて ください。 답을 알면 손을 드세요.
- 問題集^{もんだいしゅう}を 半分^{はんぶん} 終^おわらせます。 문제집을 반 정도 끝내겠습니다.
- 授業^{じゅぎょう}に 5分^{ごふん} おくれて しまった。 수업에 5분 늦고 말았다.
- どちらが かつか 五分五分^{ごぶごぶ}で 分^わからない。
어느 쪽이 이길지 막상막하하여서 모르겠다.

나눌 분

233 知 N3

훈	しる	知^しる 알다
음	ち	知識^{ちしき} 지식

- 知^しらない ことを 学^{まな}ぶ のは 楽^{たの}しい。 모르는 것을 배우는 것은 즐겁다.
- 知識^{ちしき}と 経験^{けいけん}が 大切^{たいせつ}です。 지식과 경험이 중요합니다.

알 지

234 特 N3

음	とく	特別^{とくべつ} 특별　特色^{とくしょく} 특색

- 今日^{きょう}の 給食^{きゅうしょく}は 特別^{とくべつ}メニューでした。 오늘 급식은 특별 메뉴였습니다.
- 1年生^{いちねんせい}に 学校^{がっこう}の 特色^{とくしょく}ある 授業^{じゅぎょう}を しょうかいした。
1학년에게 학교의 특색 있는 수업을 소개했다.

특별할 특

✳ 밑줄 친 한자의 올바른 발음을 고르세요.

1 卒業_{そつぎょう}は 3月_{さんがつ}で 入_{がく}学は 4月_{しがつ}に します。   a. にん   b. にゅう
졸업은 3월이고 입학은 4월에 합니다.

2 教室_{きょうしつ}で 転校_{てん}してきた 学生_{がくせい}を しょうかいした。   a. きょう   b. こう
교실에서 전학 온 학생을 소개했다.

3 先生_{せん}の 話_{はなし}を 聞_ききながら ノートに メモを した。   a. せいせん   b. せんせい
선생님의 이야기를 들으면서 노트에 메모를 했다.

4 1年_{いちねん}に 12冊_{じゅうにさつ}の 本_{ほん}を 読_よむ 目標_{もくひょう}を 立_たてた。   a. ほん   b. もと
1년에 12권의 책을 읽는 목표를 세웠다.

5 今日_{きょう}は 博物館_{はくぶつかん}を 見学_{がく}する ことに なった。   a. けん   b. げん
오늘은 박물관을 견학하게 되었다.

6 子_こどもたちに お菓子_{かし}を 分けてあげました。   a. かけて   b. わけて
아이들에게 과자를 나누어 주었습니다.

7 試験_{しけん}の 点数_{すう}で 今年_{ことし}の 成績_{せいせき}が きまります。   a. でん   b. てん
시험 점수로 올해의 성적이 결정됩니다.

8 自分_{じぶん}が 知っている ことを 教_{おし}える のは 楽_{たの}しい。   a. ちって   b. しって
자신이 알고 있는 것을 가르치는 것은 즐겁다.

정답   1 b   2 b   3 b   4 a   5 a   6 b   7 b   8 b

◆ 밑줄 친 부분에 해당하는 한자를 고르세요.

1 大学で <u>まなぶ</u> のは 知識だけでは ない。

    대학에서 배우는 것은 지식뿐만이 아니다.

       a. 覚ぶ   b. 学ぶ

2 困った 時に <u>たすける</u> のが 親<u>ゆう</u>だ。

    곤란할 때에 돕는 것이 친구다.

       a. 友   b. 有

3 正しい <u>こたえ</u>を 次の ページに 書いてください。

    올바른 답을 다음 페이지에 적으세요.

       a. 答え   b. 応え

4 出席者を <u>かぞえ</u>たら 全部で 30人だった。

    출석자를 세었더니 전부 30명이었다.

       a. 数え   b. 救え

5 単語の <u>いみ</u>が ぜんぜん 分かりません。

    단어의 의미를 전혀 모르겠습니다.

       a. 意義   b. 意味

6 新しい 方法を いくつか <u>こころ</u>みた。

    새로운 방법을 몇 가지인가 시도해 보았다.

       a. 心みた   b. 試みた

7 学校の 記念日には <u>とくべつ</u>な メニューが 出る。

    학교 기념일에는 특별한 메뉴가 나온다.

       a. 格別   b. 特別

8 <u>しつ</u>問が ある 人は 手を あげてください。

    질문이 있는 사람은 손을 들어 주세요.

       a. 質   b. 実

정답 **1** b   **2** a   **3** a   **4** a   **5** b   **6** b   **7** b   **8** a

10

커뮤니케이션

이 과에서 학습할 한자

235 文	236 字	237 言	238 電
239 話	240 切	241 使	242 送
243 受	244 取	245 便	246 利

235 N3

文

음 ぶん・もん

文化 문화 文句 불평, 불만

- 文化交流を 楽しみます。 문화 교류를 즐깁니다.
- 彼女は 文句を 言わない。 그녀는 불평을 하지 않는다.

글월 문

236 N3

字

음 じ

字 글자, 문자 英字 영자, 영문자

- 字を 見れば だれが 書いたか 分かる。 글씨를 보면 누가 썼는지 안다.
- 英字新聞を 読んでみました。 영자 신문을 읽어 보았습니다.

글자 자

237 N4

言

훈 いう・こと

言う 말하다 言葉 말, 언어

음 げん・ごん

言動 언동, 언행 伝言 전언(전하는 말)

- 兄の 言う ことを 聞かなかった。 오빠가(형이) 말하는 것을 듣지 않았다.
- ていねいな 言葉で 話しましょう。 정중한 말로 이야기합시다.
- 言動に 気を つけます。 언행에 주의하겠습니다.
- 先生に 伝言を のこした。 선생님께 전언을 남겼다.

말씀 언

238 N4

電

음 でん

電話 전화 充電 충전

- 友だちに 電話を かけた。 친구에게 전화를 걸었다.
- ノートパソコンを 充電します。 노트북을 충전합니다.

번개 전

239

N4

話

말씀 화

훈	はなす・はなし	話す 말하다, 이야기하다　話 이야기
음	わ	話題 화제

- むかしの ことばかり 話しました。　옛날 일만 이야기했습니다.
- むずかしい 話は よく 分かりません。　어려운 이야기는 잘 모르겠습니다.
- 最近 話題の 本を 読んだ。　최근 화제의 책을 읽었다.

240

N3

切

끊을 절 / 온통 체

훈	きる・きれる	切る 끊다, 자르다　切れる 끊어지다
음	せつ	大切 소중함, 중요함

- 急に 電話が 切れてしまった。　갑자기 전화가 끊어져 버렸다.
- 家族を 大切に している。　가족을 소중히 여기고 있다.

241

N3

使

하여금 사 / 부릴 사

훈	つかう	使う 쓰다, 사용하다　使い方 사용 방법, 사용법
음	し	使用 사용

- 頭を 使って よく 考えます。　머리를 써서 잘(곰곰이) 생각합니다.
- 使用後は ごみばこに すててください。　사용 후에는 쓰레기통에 버려 주세요.

242

N3

送

보낼 송

훈	おくる	送る 보내다, 부치다
음	そう	放送 방송　再放送 재방송

- 友だちに メールを 送った。　친구에게 메일을 보냈다.
- ドラマは 再放送で 見ました。　드라마는 재방송으로 봤습니다.

243 N2

受
받을 수

| 훈 | うける・うかる | 受ける 받다　受かる (시험 등에) 붙다, 합격하다 |
| 음 | じゅ | 受験 수험(시험을 치름), 입시 |

• めんせつでは いろいろな 質問を 受けた。 면접에서는 여러 가지 질문을 받았다.

• 受験する 学校に ついて 先生に そうだんした。
시험을 치르는 학교에 대해서 선생님께 상담했다.

244 N2

取
가질 취

| 훈 | とる | 取る 잡다, 취하다 |
| 음 | しゅ | 先取 선취(먼저 취함) |

• 活発に コミュニケーションを 取る。 활발하게 의사소통을 한다.

• サッカーで 3点 先取した。 축구에서 3점 선취했다(먼저 땄다).

245 N3

便
편할 편

| 훈 | たより | 便り 소식 |
| 음 | べん・びん | 便利 편리　郵便局 우체국 |

• 便りが ないので 心配だ。 소식이 없어서 걱정이다.

• インターネットが とても 便利だ。 인터넷이 매우 편리하다.

• 郵便局で 荷物を 送った。 우체국에서 짐을 부쳤다.

246 N2

利
날카로울 리(이)

| 음 | リ | 利点 이점(이로운 점)
利用 이용　利用者 이용자 |

• 都市に 住む 利点を 説明します。 도시에 사는 이점을 설명하겠습니다.

• 利用者の 声を 聞きました。 이용자의 목소리를 들었습니다.

✳ 밑줄 친 한자의 올바른 발음을 고르세요.

1 充電が 終わるまで 後 1時間 かかります。 〔a. てん b. でん〕
충전이 끝날 때까지 앞으로 한 시간 걸립니다.

2 課長が もどられたら 伝言を 伝えてください。 〔a. げん b. ごん〕
과장님이 돌아오시면 전언을 전해 주세요.

3 友だちと 大切な やくそくを しました。 〔a. たいせつ b. だいじ〕
친구와 중요한 약속을 했습니다.

4 話したい ことは 何でも 言ってください。 〔a. わたし b. はなし〕
하고 싶은 말은 무엇이든지 하세요.

5 人に よって 使い方は ちがう。 〔a. づかい b. つかい〕
사람에 따라 사용법은 다르다.

6 年末に 送った カードが もどってきた。 〔a. おくった b. もった〕
연말에 보낸 카드가 돌아왔다(반송되었다).

7 めんせつでは きびしい 質問を 受けて 困った。 〔a. つけて b. うけて〕
면접에서는 매서운 질문을 받고 난처했다.

8 この 道具は だれでも 利用できる。 〔a. しよう b. りよう〕
이 도구는 누구나 이용할 수 있다.

정답 1 b   2 b   3 a   4 b   5 b   6 a   7 b   8 b

◆ 밑줄 친 부분에 해당하는 한자를 고르세요.

1 電車は おくれたが だれも もんくを 言わなかった。 a. 間句   b. 文句
전철은 늦었지만(지연되었지만) 아무도 불평을 하지 않았다.

2 むかしの 人が 書いた じは むずかしくて 読めない。 a. 文   b. 字
옛날 사람이 쓴 글자는 어려워서 읽을 수 없다.

3 相手に よって ことばは 使い分けましょう。 a. 言語   b. 言葉
상대에 따라 말은 구분해서 사용합시다.

4 でんわを かける 時は マナーに 注意する。 a. 伝話   b. 電話
전화를 걸 때는 매너에 주의한다.

5 いたずらでんわは すぐ きりましょう。 a. 切り   b. 断り
장난 전화는 바로 끊읍시다.

6 この 本は 最近 わだいに なっている。 a. 話題   b. 和題
이 책은 최근에 화제가 되고 있다.

7 しようした カップは あそこに おいてください a. 利用   b. 使用
사용한 컵은 저기에 두세요.

8 ニュースは 夜 7時から ほうそうします。 a. 返送   b. 放送
뉴스는 저녁 7시부터 방송합니다.

정답 **1** b **2** b **3** b **4** b **5** a **6** a **7** b **8** b

UNIT

11

취미 · 여가

이 과에서 학습할 한자			
247 音	248 楽	249 歌	250 聞
251 読	252 書	253 映	254 画
255 世	256 界	257 旅	258 行
259 写	260 真	261 集	262 休
263 語	264 習	265 王	266 好

247 N3

音

소리 음

훈	おと・ね	音 소리　音色 음색
음	おん	音楽 음악

- 川が ながれる 音が 聞こえる。　강이 흐르는 소리가 들린다.
- チェロの 音色が 美しいです。　첼로의 음색이 아름답습니다.
- 音楽は 小さい ころから 好きでした。　음악은 어렸을 때부터 좋아했습니다.

248 N3

楽

노래 악

훈	たのしい・たのしむ	楽しい 즐겁다　楽しむ 즐기다
음	がく・らく	洋楽 서양 음악　楽だ 편하다

- 博物館に 行く のは 楽しいです。　박물관에 가는 것은 즐겁습니다.
- 京都観光を 楽しんでいる。　교토 관광을 즐기고 있다.
- ピアノで 洋楽を ひきました。　피아노로 서양 음악을 연주했습니다.
- ゆっくり 休んで 心も 体も 楽に なった。　푹 쉬어서 마음도 몸도 편해졌다.

249 N3

歌

노래 가

훈	うた・うたう	歌 노래　歌う 노래하다
음	か	歌詞 가사

- 知らない 歌が ながれている。　모르는 노래가 흘러나오고 있다.
- カラオケに 行って みんなで 歌った。　노래방에 가서 다 같이 노래했다.
- この 曲は 歌詞が とても かなしい。　이 곡은 가사가 너무 슬프다.

250 N4

聞

들을 문

훈	きく・きこえる	聞く 듣다, 묻다　聞こえる 들리다
음	ぶん	見聞 견문(보고 들음)

- 妹に 最近の 趣味を 聞いた。　여동생에게 요즘의 취미를 물었다.
- 人々と 交流して 見聞を 広めます。　사람들과 교류하여 견문을 넓힙니다.

N4

読

읽을 독

훈	よむ		読む 읽다
음	どく		読書 독서

- よく ざっしの コラムを 読みます。　자주 잡지 칼럼을 읽습니다.
- 読書の かんそうを ノートに まとめます。　독서의 감상을 노트에 정리합니다.

N4

書

글 서

훈	かく		書く 적다, 쓰다
음	しょ		図書館 도서관

- 今年から 日記を 書いています。　올해부터 일기를 쓰고 있습니다.
- 図書館で れきしの 本を さがした。　도서관에서 역사책을 찾았다.

N3

映

비칠 영

훈	うつる・うつす		映る 비치다, (영상이) 나오다　映す 비추다
음	えい		映像 영상

- この 動画には 建物ばかり 映っています。　이 동영상에는 건물만 나옵니다.
- うちの ねこの 映像を とっています。
  우리 집 고양이의 영상을 찍고 있습니다.

N3

画

그림 화

음	が・かく		映画 영화　企画 기획

- 好きな はいゆうが 出る 映画を 見た。　좋아하는 배우가 나오는 영화를 봤다.
- 誕生日会を 企画します。　생일 모임을 기획합니다.

255 N3

世

인간 세

| 훈 | よ | 世の中 세상 |
| 음 | せい・せ | 中世 중세　世間 세간(세상 일반) |

- これは 世の中の 人が みんな 知っている 本だ。
  이건 세상 사람들이 모두 알고 있는 책이다.
- 中世ヨーロッパの 作品です。　중세 유럽의 작품입니다.
- この 歌手は 世間から 注目されている。　이 가수는 세간으로부터 주목받고 있다.

256 N3

界

지경 계

| 음 | かい | 世界 세계　政界 정계 |

- 世界の 食文化に 興味が ある。　세계 음식 문화에 흥미가 있다.
- 政界の 動きに ついて 話します。　정계의 움직임에 대해 이야기합니다.

257 N3

旅

나그네 려(여)

| 훈 | たび | 旅 여행 |
| 음 | りょ | 旅券 여권(=パスポート) |

- 一人旅の 魅力に 気づいた。　혼자 여행하는 매력을 깨달았다(알게 되었다).
- 旅券を なくしました。　여권을 잃어버렸습니다.

258 N4

行

다닐 행

| 훈 | いく・おこなう | 行く 가다　行う 하다, 행하다, 실시하다 |
| 음 | こう・ぎょう | 流行 유행　行事 행사 |

- 朝早くから つりに 行きます。　아침 일찍부터 낚시하러 갑니다.
- 練習の 後に ミーティングを 行う。　연습 후에 미팅을 한다.
- 服や メイクの 流行を よく 知っています。
  옷이나 메이크업의 유행을 잘 알고 있습니다.
- うちは 家族の 行事が 多い 方だ。　우리 집은 가족 행사가 많은 편이다.

259

写

N3

베낄 사

훈	うつす・うつる	写す 베끼다　写る (사진에) 찍히다, 비치다
음	しゃ	写真 사진

- いい 言葉を ノートに 写します。　좋은 말을 노트에 베낍니다.
- SNSに 食べ物の 写真を のせる。　SNS에 음식 사진을 올린다.

260

真

N3

참 진

훈	ま	真似 흉내, 모방, 따라 함
음	しん	真剣だ 진지하다

- アイドルの ダンスを 真似して おどった。　아이돌 춤을 따라 추었다.
- このごろ、真剣に バリスタの 勉強を つづけている。
  요즘 진지하게 바리스타 공부를 계속하고 있다.

261

集

N3

모을 집

훈	あつまる・あつめる	集まる 모이다　集める 모으다
음	しゅう	集中 집중

- みんなで 集まって おしゃべりを します。　다 같이 모여 수다를 떱니다.
- 弟は 集中して ゲームを している。　남동생은 집중해서 게임을 하고 있다.

262

休

N4

쉴 휴

훈	やすむ	休む 쉬다
음	きゅう	休日 휴일　連休 연휴

- 今日も 家で ゆっくり 休んだ。　오늘도 집에서 푹 쉬었다.
- 次の 休日は キャンプ場に 行く。　다음 휴일은 캠핑장에 간다.

263 N4

語

말씀 어

| 훈 | かたる | 語る 말하다, 설명하다 |
| 음 | ご | 語学 어학 |

- 好きな 選手に ついて 語った。 좋아하는 선수에 대해 말했다.
- 語学を 学んで たくさんの 人と 話したい。
  어학을 배워서 많은 사람과 이야기하고 싶다.

264 N3

習

익힐 습

| 훈 | ならう | 習う 배우다 |
| 음 | しゅう | 習得 습득 |

- 最近 ゴルフを 習っています。 요즘 골프를 배우고 있습니다.
- フランス語を 習得したい。 프랑스어를 습득하고 싶다.

265 N2

王

임금 왕

| 음 | おう | 王者 왕자　王道 왕도(쉬운 방법) |

- ボクシングで 世界王者に なった。 복싱에서 세계 왕자가 되었다.
- 学問に 王道は ありません。 학문에 왕도는 없습니다.

266 N3

好

좋을 호

| 훈 | このむ · すく | 好む 좋아하다, 즐기다　好み 취향, 기호
好く 좋아하다　好きだ 좋아하다 |
| 음 | こう | 好奇心 호기심 |

- 友人とは 音楽の 好みが 同じだ。 친구와는 음악 취향이 같다.
- 甘い ものが 大好きです。 단것을 아주 좋아합니다.
- 好奇心から 父の 本を 読んでみた。 호기심에 아버지의 책을 읽어 보았다.

107

✳ 밑줄 친 한자의 올바른 발음을 고르세요.

1 週末は 家で ゆっくり 休みました。
しゅうまつ　いえ

주말에는 집에서 푹 쉬었습니다.

a. やすみ　　b. なごみ

2 この 曲の 歌詞は 子どもが 作った 詩だ。
きょく　し　こ　　つく　し

이 곡의 가사는 어린이가 만든 시다.

a. か　　b. が

3 読書を してから かんそうを メモした。

독서를 하고 나서 감상을 메모했다.

a. どっかい　　b. どくしょ

4 老後は 文化を 楽しむ 時間が ほしい。
ろうご　ぶんか　　じかん

노후에는 문화를 즐기는 시간을 갖고 싶다.

a. たのしむ　　b. らくしむ

5 旅行は 見聞を 広める 機会に なる。
りょこう　けん　ひろ　きかい

여행은 견문을 넓히는 기회가 된다.

a. ぶん　　b. もん

6 弟は 勉強より 趣味の 活動に 真剣です。
おとうと　べんきょう　しゅみ　かつどう　けん

남동생은 공부보다 취미 활동에 진심입니다.

a. しん　　b. じん

7 ゴルフは 大人に なってから 習った。
おとな

골프는 어른이 되고 나서 배웠다.

a. しった　　b. ならった

8 集中して 勉強したので 成績が 上がった。
ちゅう　べんきょう　せいせき　あ

집중해서 공부했기 때문에 성적이 올랐다.

a. しょう　　b. しゅう

정답 　1 a　　2 a　　3 b　　4 a　　5 a　　6 a　　7 b　　8 b

◆ 밑줄 친 부분에 해당하는 한자를 고르세요.

1 山田さんが 趣味に ついて かたっています。　　a. 話って　b. 語って
야마다 씨가 취미에 대해서 이야기하고 있습니다.

2 今年の 春は ピンク色が りゅうこうしている。　　a. 浪好　b. 流行
올봄은 핑크색이 유행하고 있다.

3 いつか お金を ためて せかい旅行を したい。　　a. 世海　b. 世界
언젠가 돈을 모아서 세계 여행을 하고 싶다.

4 グループより ひとりたびが 好きな 人も いる。　　a. 旅　b. 遊
그룹보다 혼자 여행하는 것을 좋아하는 사람도 있다.

5 よの中には いい 人も 悪い 人も いる。　　a. 世　b. 夜
세상에는 좋은 사람도 나쁜 사람도 있다.

6 としょ館は 連休中も 開いています。　　a. 読書　b. 図書
도서관은 연휴 중에도 열려 있습니다.

7 家族でも 音楽の このみは ちがいます。　　a. 望み　b. 好み
가족이라도 음악 취향은 다릅니다.

8 この 動画に うつっている 人は 友人です。　　a. 映って　b. 写って
이 동영상에 나오는 사람은 친구입니다.

정답　1 b　2 b　3 b　4 a　5 a　6 b　7 b　8 a

109

비즈니스

이 과에서 학습할 한자				
267 名	268 立	269 思	270 有	271 不
272 部	273 品	274 門	275 社	276 員
277 新	278 古	279 用	280 通	281 帰
282 同	283 仕	284 業	285 研	286 究
287 室	288 者	289 全	290 終	291 注
292 持	293 進	294 図	295 働	296 別
297 計	298 以	299 貸	300 借	

267 名 (N4)

훈	な	名前 이름
음	めい・みょう	名刺 명함 名字 성, 성씨

- 社長が 部長の 名前を よんだ。 사장님이 부장님의 이름을 불렀다.
- 会議の 前に 名刺を わたしました。 회의 전에 명함을 건넸습니다.
- 会社に 同じ 名字の 人が 3人 いる。 회사에 같은 성씨의 사람이 세 명 있다.

이름 명

268 立 (N4)

훈	たつ・たてる	立つ 서다, 일어서다 立てる 세우다
음	りつ	両立 양립, 병행 中立 중립

- 人の 前に 立つ のが 好きです。 사람들 앞에 서는 것을 좋아합니다.
- 彼は 仕事と 勉強を 両立 している。 그는 일과 공부를 병행하고 있다.

설 립(입)

269 思 (N3)

훈	おもう	思う 생각하다
음	し	意思 의사, 생각

- 転職しようと 思っています。 전직(이직)하려고 생각하고 있습니다.
- 自分の 意思で 会社を やめた。 자신의 의사로 회사를 그만두었다.

생각 사

270 有 (N3)

훈	ある	有る 있다 (보통 히라가나로 표기)
음	ゆう・う	有望 유망, 유망함 有無 유무(있음과 없음)

- 新しい 部署では 時々 飲み会が 有る。 새로운 부서에서는 가끔 회식이 있다.
- あの 新人は 将来有望だ。 저 신인(신입)은 장래가 유망하다.
- 駐車場の 有無を かくにんする。 주차장의 유무를 확인한다.

있을 유

N3

不

음 ふ・ぶ

不満 불만　不器用 손재주가 없는 것, 서투른 것

- 仕事に 不満を 持っていました。 일에 불만을 가지고 있었습니다.

- 不器用なので こまかい 仕事が できない。
손재주가 없어서 섬세한 작업을 하지 못한다.

아닐 불 / 아닐 부

272

N2

部

음 ぶ

部品 부품　部署 부서
本部 본부, 본사　支部 지부, 지사

- この 工場では 車の 部品を 作っています。
이 공장에서는 자동차 부품을 만들고 있습니다.

- 出張で 本部と 支部を 行ったり 来たり している。
출장으로 본사와 지사를 왔다 갔다 하고 있다.

거느릴 부

273

N3

品

훈 しな

品物 물건, 물품

음 ひん

品質 품질

- 2つの 品物の ちがいを 質問した。 두 가지 물건의 차이를 질문했다.

- この 工場は 品質が いい ことで 有名です。
이 공장은 품질이 좋은 것으로 유명합니다.

물건 품

274

N3

門

음 もん

部門 부문　専門 전문

- 今月から 食品部門で 働いています。 이번 달부터 식품 부문에서 일하고 있습니다.

- 映画の 専門ざっしを 作っています。 영화 전문 잡지를 만들고 있습니다.

문 문

275 N4
社
모일 사

음 しゃ　　　　入社 입사　社屋 사옥(회사 건물)

- 会社に 入社して 1年が たちました。 회사에 입사하고 1년이 지났습니다.
- 今年から 社屋が 新しく なった。 올해부터 사옥이 새로워졌다.

276 N3
員
인원 원

음 いん　　　　社員 사원　役員 임원　役員会 임원회

- 社員の 数が 足りない らしい。 사원 수가 부족한 것 같다.
- 2か月ぶりに 役員会を 開きます。 두 달 만에 임원회를 엽니다.

277 N4
新
새 신

훈 あたらしい・あらた　　新しい 새롭다　新たな 새로운
음 しん　　　　新入社員 신입 사원　最新 최신

- 4月から 新しい チームに かわります。 4월부터 새로운 팀으로 바뀝니다.
- 新たな 売り上げ 目標を きめました。 새로운 매출 목표를 정했습니다.
- 新入社員が あいさつを した。 신입 사원이 인사를 했다.

278 N4
古
옛 고

훈 ふるい　　　　古い 오래되다, 낡다　古本屋 헌책방
음 こ　　　　古書 고서(오래된 책)

- 古い 友人と ビジネスを 始めた。 오랜 친구와 비즈니스를 시작했다.
- 本が 好きで 古書を 集めている。 책을 좋아해서 고서를 모으고 있다.

用

쓸 용

| 훈 | もちいる | 用^{もち}いる 쓰다, 사용하다, 이용하다 |
| 음 | よう | 用^{よう}事^じ 볼일, 용건, 용무 |

- 図を 用いて 説明します。 그림을 사용해서 설명합니다.
- 先輩に 用事を たのまれた。 선배에게 볼일을 부탁받았다.

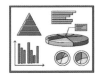

---

280 N3

通

통할 통

| 훈 | とおる・かよう | 通^{とお}る 통하다, 지나다 通^{かよ}う 다니다 |
| 음 | つう | 通^{つう}信^{しん} 통신 |

- 廊下を 通って 課長の ところに 向かう。
  복도를 지나 과장님이 있는 곳으로 향한다(간다).
- 会社には 電車で 通っています。 회사에는 전철로 다니고 있습니다.
- 社内で 通信トラブルが 発生しました。 회사 내에서 통신 문제가 발생했습니다.

---

281 N3

帰

돌아갈 귀

| 훈 | かえる | 帰^{かえ}る 돌아가다, 돌아오다 |
| 음 | き | 復^{ふっ}帰^き 복귀 |

- 今日は 残業しないで 帰ります。 오늘은 야근하지 않고 집에 갑니다.
- 休んでいた 仕事に 復帰した。 쉬고 있던 일에 복귀했다.

---

282 N3

同

한가지 동

| 훈 | おなじ | 同^{おな}じだ 같다, 동일하다 同^{おな}じ 같은, 동일한 |
| 음 | どう | 同^{どう}期^き 동기 |

- 会議は いつも 同じ 曜日に します。 회의는 항상 같은 요일에 합니다.
- 大学の 同期と 同じ 会社に 入った。 대학 동기와 같은 회사에 들어갔다.

283 N3

仕

섬길 사 / 벼슬 사

| 훈 | つかえる | 仕える 시중들다, 섬기다 |
| 음 | し | 仕事 일, 업무　仕送り 생활비나 학비를 보내 줌 |

• 秘書として 20年 会長に 仕えました。　비서로 20년 회장님을 모셨습니다.

• 仕事が 終わったので、そろそろ 家に 帰ります。
일이 끝났기 때문에 이제 슬슬 집에 갑니다.

• 給料から 少し 母に 仕送りを している。
급여에서 조금 어머니에게 생활비를 보내고 있다.

284 N3

業

업 업

| 음 | ぎょう | 業界 업계　事業 사업 |

• IT業界で 働きたいと 思います。　IT업계에서 일하고 싶습니다.

• 自分で 事業を 始める ことに した。　직접 사업을 시작하기로 했다.

285 N3

研

갈 연

| 음 | けん | 研修 연수　研究員 연구원 |

• 新入社員の ための 研修を 行う。　신입 사원을 위한 연수를 실시한다.

• むかしは 研究員に なる のが ゆめでした。
예전에는 연구원이 되는 것이 꿈이었습니다.

286 N3

究

연구할 구

| 음 | きゅう | 研究 연구　探究心 탐구심 |

• 会議では 研究 けっかを ほうこくします。　회의에서는 연구 결과를 보고합니다.

• いい 商品を 作るには 探究心が ひつようだ。
좋은 상품을 만들려면 탐구심이 필요하다.

室

집 실

| 음 しつ | 会議室 회의실 室長 실장(님) |

- 会議室を かんたんに そうじした。 회의실을 간단히 청소했다.
- 室長に メールを 送ります。 실장님께 메일을 보냅니다.

者

놈 자

| 훈 もの | 若者 젊은이, 청년 |
| 음 しゃ | 業者 업자, 업체 |

- 若者への マーケティングを 考えます。 젊은이들을 위한 마케팅을 생각합니다.
- デザインは 専門の 業者に おねがいした。 디자인은 전문 업체에 부탁했다.

全

온전할 전

| 훈 まったく・すべて | 全く 완전히, 전혀 全て 모두, 전부, 다 |
| 음 ぜん | 全員 전원 全体 전체 全部 전부 |

- その アイデアは 全く 新しい 考えだった。
  그 아이디어는 완전히 새로운 생각이었다.
- 全て うまく いっています。 다 잘 되고 있습니다.
- 社員全員に ボーナスが 出ました。 사원 전원에게 보너스가 나왔습니다.

終

끝 종

| 훈 おわる・おえる | 終わる 끝나다 終える 끝내다 |
| 음 しゅう | 終業 종업(일을 마침) |

- 仕事が なかなか 終わらない。 일이 좀처럼 끝나지 않는다.
- うちの 会社は 6時 終業です。 우리 회사는 6시에 일이 끝납니다.

291 N3

注

부을 주

훈	そそぐ	注ぐ (액체를) 붓다, 따르다
음	ちゅう	注目 주목　注意 주의

• カップに コーヒーを 注ぎます。　컵에 커피를 따릅니다.

• この 会社に 世界が 注目している。　이 회사에 세계가 주목하고 있다.

292 N3

持

가질 지

훈	もつ	持つ 들다, 가지다, 지니다
음	じ	持参 지참　支持 지지

• 重い 荷物を 持ってあげました。　무거운 짐을 들어 주었습니다.

• 明日は べんとうを 持参してください。　내일은 도시락을 지참해 주세요.

293 N3

進

나아갈 진

훈	すすむ・すすめる	進む 나아가다　進める 나아가게 하다, 진행하다
음	しん	進出 진출

• 計画通りに 仕事を 進めます。　계획대로 일을 진행합니다(진행하겠습니다).

• うちの 会社は 海外進出を じゅんびしている。
우리 회사는 해외 진출을 준비하고 있다.

294 N3

図

그림 도

음	ず・と	図 그림, 도면　地図 지도　意図 의도

• 地図を 見ながら 待ち合わせ場所に 行く。　지도를 보면서 약속 장소에 간다.

• 意図した けっかに なりました。　의도한 결과가 되었습니다.

295

働

일할 동

훈	はたらく	働く 일하다
음	どう	協働 협동, 협력, 협업

- 働きながら 大学院に 通っています。 일하면서 대학원에 다니고 있습니다.
- 他社と 協働する ことに なった。 다른 회사와 협업하게 되었다.

296

別

나눌 별 / 다를 별

훈	わかれる	別れる 헤어지다, 이별하다
음	べつ	区別 구별

- 仕事の 都合で 家族と 別れて くらす。 일의 형편(사정)으로 가족과 헤어져 산다.
- 会社では 公私を 区別する べきです。 회사에서는 공사를 구별해야 합니다.

297

計

셀 계

훈	はかる	計る 세다, 재다
음	けい	計画 계획

- 発表に かかる 時間を 計った。 발표에 걸리는 시간을 쟀다.
- 会社の 年間計画を 立てます。 회사의 연간 계획을 세웁니다.

298

以

써 이

음	い	以外 이외 以心伝心 이심전심(마음과 마음이 서로 통함)

- 今の 会社 以外は 入社を 考えなかった。
  지금의 회사 이외에는 입사를 생각하지 않았다.
- チーム全員と 以心伝心で 仕事が できます。
  팀 전원과 이심전심으로 일을 할 수 있습니다.

299 N3

貸

빌릴 대

훈	かす	<ruby>貸<rt>か</rt></ruby>す 빌려주다
음	たい	<ruby>賃貸<rt>ちんたい</rt></ruby> 임대(돈을 받고 빌려줌) <ruby>貸<rt>たい</rt></ruby><ruby>与<rt>よ</rt></ruby> 대여

• いつでも <ruby>手<rt>て</rt></ruby>を <ruby>貸<rt>か</rt></ruby>しますよ。 언제든지 손을 빌려드리겠습니다(도와드리겠습니다).

• <ruby>賃貸住宅<rt>ちんたいじゅうたく</rt></ruby>を さがした。 임대 주택을 찾았다.

---

300 N3

借

빌릴 차

훈	かりる	<ruby>借<rt>か</rt></ruby>りる 빌리다
음	しゃく	<ruby>借用書<rt>しゃくようしょ</rt></ruby> 차용서, 차용증(빌린 것을 증명하는 문서)

• <ruby>社内<rt>しゃない</rt></ruby>の <ruby>人々<rt>ひとびと</rt></ruby>の <ruby>力<rt>ちから</rt></ruby>を <ruby>借<rt>か</rt></ruby>りた。 회사 내 사람들의 힘을 빌렸다.

• <ruby>借用書<rt>しゃくようしょ</rt></ruby>を <ruby>書<rt>か</rt></ruby>きます。 차용증을 씁니다.

✷ 밑줄 친 한자의 올바른 발음을 고르세요.

1 家事と 仕事を 両立する のは むずかしい。

　　　a. りつ　　b. いつ

　　가사와(집안일과) 일을 양립(병행)하는 것은 어렵다.

2 古本屋で 古書を 買った。

　　　a. ごしょ　　b. こしょ

　　헌책방에서 고서를 샀다.

3 今日は 会社の 帰りに 買い物して 行く。

　　　a. もどり　　b. かえり

　　오늘은 퇴근길에 쇼핑하고 간다(갈 거다).

4 高校の 同期とは 今も 時々 会う。

　　　a. どうき　　b. どうし

　　고등학교 동기와는 지금도 가끔 만난다.

5 新社屋には 最新の せつびが ある。

　　　a. しゃない　　b. しゃおく

　　신사옥(새로운 사옥)에는 최신 설비가 있다.

6 自分の 意思で 始めた ことは せきにんを 持つ。

　　　a. いさ　　b. いし

　　자신의 의사로 시작한 일은 책임을 진다.

7 ここを 通るより エレベーターの 方が 早い。

　　　a. すぎる　　b. とおる

　　여기를 지나가는 것보다 엘리베이터 쪽이 빠르다.

8 こんな 古い 部品は 今 作っていません。

　　　a. ぶしな　　b. ぶひん

　　이런 오래된 부품은 지금 만들고 있지 않습니다.

정답　**1** a　**2** b　**3** b　**4** a　**5** b　**6** b　**7** b　**8** b

◆ 밑줄 친 부분에 해당하는 한자를 고르세요.

1 あらたな 目標の ために がんばろう. 　　a. 改たな　b. 新たな
새로운 목표를 위해 노력하자(힘내자).

2 しつちょうから 会議時間の れんらくが あった. 　　a. 室長　b. 質長
실장님으로부터 회의 시간의 연락이 있었다.

3 学生の ころから じぎょうする のが ゆめだった. 　　a. 事業　b. 授業
학생 시절부터 사업하는 것이 꿈이었다.

4 私は あの はいゆうに ちゅう目しています. 　　a. 駐　b. 注
저는 저 배우에 주목하고 있습니다.

5 私は だれも しじしないで 中立を まもります. 　　a. 持支　b. 支持
저는 아무도 지지하지 않고 중립을 지킬 것입니다.

6 最近 アジアに しんしゅつする 会社が 多い. 　　a. 進出　b. 浸出
요즘 아시아에 진출하는 회사가 많다.

7 仕事に いろいろ ふまんが あります. 　　a. 不満　b. 負満
일에 여러 가지 불만이 있습니다.

8 急に 雨が ふってきたので かさを かりた. 　　a. 借りた　b. 貸りた
갑자기 비가 내리기 시작해서 우산을 빌렸다.

정답　1 b　2 a　3 a　4 b　5 b　6 a　7 a　8 a

색인 어 휘 리스트

こ

な

138

memo

착! 붙는 일본어
기초 한자 300

초판 인쇄	2025년 6월 20일
초판 발행	2025년 7월 1일
저자	일본어 공부기술연구소
편집	조은형, 김성은, 오은정, 무라야마 토시오
펴낸이	엄태상
디자인	이건화
조판	이서영
콘텐츠 제작	김선웅, 장형진
마케팅	이승욱, 노원준, 조성민, 이선민
경영기획	조성근, 최성훈, 김로은, 최수진, 오희연
물류	정종진, 윤덕현, 신승진, 구윤주
펴낸곳	시사일본어사(시사북스)
주소	서울시 종로구 자하문로 300 시사빌딩
주문 및 교재 문의	1588-1582
팩스	0502-989-9592
홈페이지	www.sisabooks.com
이메일	book_japanese@sisadream.com
등록일자	1977년 12월 24일
등록번호	제 300-2014-92호

ISBN 978-89-402-9448-2 (13730)

착! 붙는 일본어

기초 한자
300

쓰기 노트

시사일본어사

착! 붙는 일본어

기초 한자
300

쓰기 노트

시사일본어사

001	ノ 人						
人	人	人	人				
사람 인							

002	丶 冂 冊 冊 田 囲 男						
男	男	男	男				
사내 남							

003	く 女 女						
女	女	女	女				
여자 여(녀)							

004	フ 了 子						
子	子	子	子				
아들 자							

005	丶 亠 立 立 辛 辛 亲 亲 亲 亲 亲 親 親 親						
親	親	親	親				
친할 친							

006
父
아버지 부
ノ ハ グ 父

007
母
어머니 모
ㄥ 乃 母 母 母

008
兄
형 형
丶 口 口 尸 兄

009
弟
아우 제
丶 丷 ㄐ 当 肖 弟 弟

010
姉
윗누이 자
く 夕 女 女 妍 妍 姊 姉

妹

누이 매

く ㄑ 女 女 奷 奷 妹 妹

妹 妹 妹

犬

개 견

一 ナ 大 犬

犬 犬 犬

家

집 가

丶 丷 宀 宀 宇 宇 穷 家 家 家

家 家 家

族

겨레 족

丶 亠 ㇇ 方 ㇆ 扩 扩 炉 炉 族 族

族 族 族

住

살 주

ノ 亻 亻 仁 仁 住 住

住 住 住

016 所 바 소
ㅓ ㅓ ㅋ ㅕ 戶 户 所 所 所
所 所 所

017 引 끌 인
ㄱ ㄱ 弓 引
引 引 引

018 自 스스로 자
ㅣ ㅓ ㄇ 白 白 自
自 自 自

019 主 임금 주 / 주인 주
ㆍ ㅗ 亠 主 主
主 主 主

020 私 사사 사
ㅓ ㅜ 千 禾 禾 私 私
私 私 私

021 年 해 년(연)	ノ ケ ヒ ヒ ヒ 年
022 日 날 일	丨 冂 冂 日
023 月 달 월	丿 几 月 月
024 火 불 화	丶 丷 丷 少 火
025 水 물 수	刂 기 水 水

026 木 나무 목	一 十 才 木 木 木 木
027 金 쇠금 / 성씨 김	丿 人 人 今 全 全 余 金 金 金 金
028 土 흙토	一 十 土 土 土 土
029 早 이를 조	丨 冂 日 日 旦 早 早 早 早
030 時 때 시	丨 冂 日 日 旷 旷 旷 旷 時 時 時 時 時

031	一 十 六 古 古 直 卓 朝 朝 朝 朝					
朝	朝	朝	朝			
아침 조						

032	ㄱ ㄱ �尸 尺 尺 尽 昼 昼 昼					
昼	昼	昼	昼			
낮 주						

033	ㄱ ク 夕					
夕	夕	夕	夕			
저녁 석						

034	ㄱ 广 广 疒 疒 夜 夜 夜					
夜	夜	夜	夜			
밤 야						

035	ㄱ ㄑ ㄏ 午					
午	午	午	午			
낮 오						

036	` ` ` 丷 丷 肖 肖 前 前 前
前 앞 전	前 前 前

037	` ` ` 彳 彳 彳 徉 徉 後 後
後 뒤 후	後 後 後

038	ノ 𠆢 今 今
今 이제 금	今 今 今

039	` ` ` 仁 每 每 每
每 매양 매	每 每 每

040	) 刀 月 月 円 円 周 周 周 调 週
週 돌 주 / 주일 주	週 週 週

041		丨	冂	日	日	日ㄱ	日ㄱ	日ㄱ	日ㄱㄱ	日ㄱㄱ	日ㄱㄱ	日ㄱㄱ	日ㄱㄱ	日ㄲ	日ㄲ	日ㄲ	日ㄲ	曜
曜		曜		曜		曜												
빛날 요																		

042		丨	冂	冂	𡇬	𡇬	門	門	門	門	閒	閒	間					
間		間		間		間												
사이 간																		

043		一	一	一	丁	来	来	来										
来		来		来		来												
올 래(내)																		

044		丨	冂	日	日	日丿	明	明	明									
明		明		明		明												
밝을 명																		

045		丶	丷	亠	半	半												
半		半		半		半												
반 반																		

046
何
어찌 하

丿 亻 亻 亻 何 何 何

何 何 何

047
去
갈 거

一 十 土 去 去

去 去 去

048
代
대신할 대

丿 亻 亻 代 代

代 代 代

049
口
입 구

丨 冂 口

口 口 口

050
目
눈 목

丨 冂 冃 月 目

目 目 目

051	一 T 下 下 F 王 耳
耳 귀 이	耳 耳 耳

052	ノ 二 三 手
手 손 수	手 手 手

053	丶 �口 口 甼 甼 昰 足
足 발 족	足 足 足

054	一 ㄱ ㄶ ㅁ 戸 戸 豆 豆 豇 虳 蚥 頭 頭 頭 頭 頭
頭 머리 두	頭 頭 頭

055	丶 亠 亠 古 立 产 产 彦 彦 彥 彥 節 顏 顏 顏 顏 顏
顏 낯 안	顏 顏 顏

056
首
머리 수
丶 丷 艹 产 产 苩 首 首 首
首 首 首

057
体
몸 체
丿 亻 仁 什 休 休 体
体 体 体

058
心
마음 심
丿 心 心 心
心 心 心

059
元
으뜸 원
一 二 テ 元
元 元 元

060
気
기운 기
丿 广 乍 气 気 気
気 気 気

061	フ 力
力	力　力　力
힘 력(역)	

062	一 十 士 声 声 声 声
声	声　声　声
소리 성	

063	一 ナ 大 太
太	太　太　太
클 태	

064	⁊ ⁊ 弓 弓 弓 弱 弱 弱 弱
弱	弱　弱　弱
약할 약	

065	一 丁 下 正 正
正	正　正　正
바를 정	

14

066

惡

악할 악 /
미워할 오

一 ㄣ ㄤ 㠪 亞 亞 亞 亞 惡 惡 惡

惡 惡 惡

067

低

낮을 저

ノ 亻 亻 仁 仁 低 低

低 低 低

068

軽

가벼울 경

一 ㄣ ㄤ 亘 百 亘 車 軒 軒 軒 軽 軽

軽 軽 軽

069

重

무거울 중

一 二 千 千 盲 盲 重 重 重

重 重 重

070

死

죽을 사

一 ㄏ ㄗ 歹 歹 死

死 死 死

071 寒 찰한	丶 丶 宀 宀 宀 宀 宁 帘 审 寒 寒 寒 寒	寒	寒	寒			
072 産 낳을 산	丶 亠 亠 立 立 产 产 产 産 産 産	産	産	産			
073 医 의원 의	一 厂 厂 三 天 天 医	医	医	医			
074 薬 약 약	一 十 艹 艹 艹 芦 芦 芦 芦 莒 莒 蒞 蒞 蕐 薬 薬	薬	薬	薬			
075 起 일어날 기	一 十 土 キ キ 走 走 起 起 起	起	起	起			

16

076

寝

잘 침

` ´ 宀 宀 宀 宀 疒 疒 疒 疒 寑 寝 寝

寝　寝　寝

077

米

쌀 미

` ´ ´ 二 半 半 米

米　米　米

078

牛

소 우

` ´ 一 二 牛

牛　牛　牛

079

魚

물고기 어

` ´ 々 々 魚 魚 魚 魚 魚 魚 魚

魚　魚　魚

080

肉

고기 육

丨 冂 冂 内 肉 肉

肉　肉　肉

081 野 들 야	` 冂 冂 曰 曱 甲 里 野 野 野 野
082 菜 나물 채	一 卄 艹 艹 艹 芇 芇 苙 苙 菜
083 飯 밥 반	ノ ㇏ 乀 今 今 今 食 食 飠 飠 飯 飯
084 茶 차 다 / 차 차	一 卄 艹 犬 犬 苂 苂 茶 茶
085 食 밥 식 / 먹을 식	ノ ㇏ 乀 今 今 今 食 食 食

086	一 𠃌 𠃍 戸 写 写 写 事
事 일 사	事　事　事

087	丶 丷 丷 二 𠂒 𨸏 米 米 料 料
料 헤아릴 료(요)	料　料　料

088	一 丁 𤣩 𤣩 𤣩 𤣩 玾 理 理 理 理
理 다스릴 리(이)	理　理　理

089	丿 亻 亻 𠂉 作 作 作
作 지을 작	作　作　作

090	丨 𠃌 口 𠮛 𠮛 吀 味 味
味 맛 미	味　味　味

091	ノ　ハ　ケ　今　今　今　食　食　食　飲　飲　飲
飲	飲　飲　飲
마실 음	

092	丶　丶　氵　汀　汀　沪　沔　洒　洒　酒
酒	酒　酒　酒
술 주	

093	丶　丷　丷　严　严　严　常　告　堂　堂　堂
堂	堂　堂　堂
집 당	

094	ㄥ　ㄥ　今　台　台
台	台　台　台
별 태 / 대 대	

095	丶　丷　丷　丷　并　并　首　首　首　道　道
道	道　道　道
길 도	

20

096 洗 씻을 세 / 깨끗할 선	丶 氵 氵 氵 汓 汼 汼 洗 洗 洗	洗	洗				

| 097 村 마을 촌 | 一 十 才 木 村 村 村 村 | 村 | 村 | | | | |

| 098 町 밭두둑 정 | 丶 冂 冂 田 田 町 町 町 | 町 | 町 | | | | |

| 099 上 윗 상 | 丨 ├ 上 上 | 上 | 上 | | | | |

| 100 下 아래 하 | 一 丁 下 下 | 下 | 下 | | | | |

| 101 左
왼 좌 | 一 ナ 大 左 左 |
| 左 | 左 | 左 |

| 102 右
오른쪽 우 | ノ ナ 大 右 右 |
| 右 | 右 | 右 |

| 103 遠
멀 원 | 一 十 土 キ 吉 吉 声 束 袁 袁 `袁 遠 遠 |
| 遠 | 遠 | 遠 |

| 104 近
가까울 근 | ⌒ ⼅ ⼧ ⼧ 斤 沂 近 近 |
| 近 | 近 | 近 |

| 105 内
안 내 | ⼁ 冂 内 内 |
| 内 | 内 | 内 |

| 106 外 바깥 외 | ノ ク タ 列 外 |
| | 外　外　外 |

| 107 東 동녘 동 | 一 厂 厂 声 声 审 束 東 |
| | 東　東　東 |

| 108 西 서녘 서 | 一 厂 厂 冃 西 西 西 |
| | 西　西　西 |

| 109 南 남녘 남 | 一 十 广 内 内 南 南 南 南 |
| | 南　南　南 |

| 110 北 북녘 북 / 달아날 배 | 一 十 寸 扌 北 |
| | 北　北　北 |

111 国 나라 국

丨 冂 冂 冂 冃 国 国 国

国 国 国

112 京 서울 경

亠 亠 亠 亠 亠 京 京 京

京 京 京

113 工 장인 공

一 丁 工

工 工 工

114 広 넓을 광

亠 亠 广 広 広

広 広 広

115 市 저자 시

亠 亠 广 亠 市

市 市 市

| 116 場 마당 장 | 一 十 ţ ţ' ţ冂 ţ冂 ţ戸 坍 塌 塌 場 場 |
| 場 | 場 | 場 |

| 117 店 가게 점 | ` 一 广 广 庐 庐 庐 店 店 |
| 店 | 店 | 店 |

| 118 館 집 관 | ノ 人 ↗ 仒 今 今 食 食 食 食` 食` 飣 飴 飴 館 館 |
| 館 | 館 | 館 |

| 119 区 구분할 구 / 지경 구 | 一 フ 又 区 |
| 区 | 区 | 区 |

| 120 都 도읍 도 | 一 十 土 ナ 耂 者 者 者 者` 都 都 |
| 都 | 都 | 都 |

| 121 病 병병 | 丶 亠 广 广 疒 疒 疒 病 病 病 | 病 | 病 | 病 | | | |

121	丶 亠 广 广 疒 疒 疒 病 病 病						
病 병병	病	病	病				

122	丶 ⻖ ⻖ ⻖ ⻖ ⻖ 阼 阼 陀 陀 院						
院 집 원	院	院	院				

123	丨 厂 厂 厍 厍 馬 馬 馬 馬 馬 馬 馬 駅 駅						
駅 역 역	駅	駅	駅				

124	丿 𠆢 𠆢 𠂉 牟 牟 牟 金 釒 釒 釒 鈅 銀 銀						
銀 은은	銀	銀	銀				

125	丶 丷 氵 氵 氵 泩 泩 泩 洋						
洋 큰 바다 양	洋	洋	洋				

126	ˀ ˀ ㄕ ㄕ 尼 屋 屋 屋 屋					
屋 집 옥	屋	屋	屋			

127	ㅣ ㅁ ㅁ 므 号					
号 이름 호 / 부르짖을 호	号	号	号			

128	ㄱ ㅋ ㅋ ㅋ 글 聿 聿 建 建					
建 세울 건	建	建	建			

129	ㄱ ㄱ 尸 尸 民					
民 백성 민	民	民	民			

130	ㅣ ㅁ ㅁ 日 旦 昌 昌 昌 昌 最 最					
最 가장 최	最	最	最			

27

131	一 二 于 天						
天 하늘 천	天	天	天				

132	丶 宀 宀 宀 空 空 空 空						
空 빌 공	空	空	空				

133	一 厂 冂 币 币 币 雨 雨						
雨 비 우	雨	雨	雨				

134	丨 凵 山						
山 메 산	山	山	山				

135	丿 刂 川						
川 내 천	川	川	川				

136 花 꽃 화
一 十 艹 艹 艼 花 花
花 花 花

137 森 수풀 삼
一 十 オ 木 木 ポ ポ 森 森 森 森 森
森 森 森

138 林 수풀 림(임)
一 十 オ 木 木 村 村 林
林 林 林

139 地 땅 지
一 十 土 圵 地 地
地 地 地

140 田 밭 전
丨 冂 冂 田 田
田 田 田

141	ノ 几 凡 凡 同 同 風 風 風
風 바람 풍	風 風 風

142	` ` ⺀ ⺀ 氵 汇 浒 海 海 海
海 바다 해	海 海 海

143	` ` ⺀ 氵 汈 池 池
池 못 지	池 池 池

144	｜ 厂 厂 厇 馬 馬 馬 馬 馬
馬 말 마	馬 馬 馬

145	´ ｒ ｒ 户 户 自 鳥 鳥 鳥 鳥 鳥
鳥 새 조	鳥 鳥 鳥

146 暑
ㅣ ㄦ ㅁ 日 旦 早 로 昇 昇 暑 暑 暑
暑 暑 暑
더울 서

147 光
ㅣ ㅣ ㅓ ㅆ 꾸 当 光
光 光 光
빛 광

148 暗
ㅣ ㄇ ㄫ 日 日' 旷 旷 旷 晬 晬 暗 暗 暗
暗 暗 暗
어두울 암

149 色
ㄱ ㄅ ㄅ 夕 夕 色
色 色 色
빛 색

150 白
ㄱ ㄋ ㄇ 白 白
白 白 白
흰 백

31

151	丶 冂 冂 日 日 甲 甲 里 里 黑 黑 黑						
黑 검을 흑	黑	黑	黑				

152	一 十 土 产 方 亦 赤						
赤 붉을 적	赤	赤	赤				

153	一 十 艹 卅 芒 茾 芇 苗 黃 黃						
黃 누를 황	黃	黃	黃				

154	一 十 丰 圭 丰 青 青 青						
青 푸를 청	青	青	青				

155	一 二 三 丰 夫 表 春 春 春						
春 봄 춘	春	春	春				

156 夏 여름 하	一 ⊤ ⊤ 市 百 百 百 頁 頁 夏 夏						
	夏	夏	夏				

157 秋 가을 추	一 二 千 禾 禾 禾 禾 秋 秋						
	秋	秋	秋				

158 冬 겨울 동	一 夕 夂 冬 冬						
	冬	冬	冬				

159 一 한 일	一						
	一	一	一				

160 二 두 이	一 二						
	二	二	二				

161 三 석삼	一 二 三						
	三	三	三				

162 四 넉사	丨 冂 冂 四 四						
	四	四	四				

163 五 다섯 오	一 丁 五 五						
	五	五	五				

164 六 여섯 륙(육)	丶 亠 六 六						
	六	六	六				

165 七 일곱 칠	一 七						
	七	七	七				

34

171 万 일만 만	一 丁 万					
	万	万	万			

172 円 둥글 원 / 화폐 단위 엔	l 冂 冂 円					
	円	円	円			

173 高 높을 고	` 亠 亠 产 产 户 高 高 高 高					
	高	高	高			

174 安 편안 안	` 宀 宀 宁 安 安					
	安	安	安			

175 多 많을 다	` ク タ タ 多 多					
	多	多	多			

176	ㅣ ㅓ 小 少
少	少　少　少
적을 소 / 젊을 소	

177	一 十 土 耂 声 声 売
売	売　売　売
팔 매	

178	ㅣ 冂 冂 罒 罒 罒 買 買 買 買 買
買	買　買　買
살 매	

179	ㅣ 厂 厂 F F 上 長 長 長
長	長　長　長
길 장	

180	ノ ㇋ ㇫ 矢 矢 知 知 知 知 短 短 短
短	短　短　短
짧을 단	

181 服 옷 복	﹀ 刀 月 月 月 肌 服 服
	服 服 服

182 着 붙을 착	﹀ ﹀ ﹀ ﹀ ﹀ 羊 羊 羊 着 着 着 着
	着 着 着

183 物 물건 물	﹀ ﹀ 牛 牛 牛 物 物 物
	物 物 物

184 大 클 대	一 ナ 大
	大 大 大

185 中 가운데 중	﹀ ﹀ 口 中
	中 中 中

186 小 작을 소

丿 小 小

小　小　小

187 出 날 출

丨 屮 屮 出 出

出　出　出

188 発 필발 / 쏠 발

フ ヲ ヲ ヺ ヺ 癶 癶 発 発

発　発　発

189 方 모 방 / 본뜰 방

丶 一 亠 方

方　方　方

190 番 차례 번

丿 丶 丷 丿 乑 平 平 釆 釆 番 番 番 番

番　番　番

191 車 수레 차 / 수레 거	一 厂 厂 斤 斤 百 車 車						
	車	車	車				

192 步 걸음 보	丨 ⺊ ⺊ 止 止 𣥂 步 步						
	步	步	步				

193 走 달릴 주	一 十 土 キ キ 走 走						
	走	走	走				

194 動 움직일 동	一 二 千 千 盲 重 重 重 動 動						
	動	動	動				

195 止 그칠 지	丨 ⺊ 止 止						
	止	止	止				

196	ノ 人 ᐟ 人 合 合 合					
合 합할 합	合	合	合			

197	丨 冂 冂 冋 同 回					
回 돌아올 회	回	回	回			

198	ノ 人 ᐟ 仝 会 会					
会 모일 회	会	会	会			

199	丨 冂 冂 冃 冃 冃 門 門 門 門 閂 開 開					
開 열 개	開	開	開			

200	ノ ⺈ ⺈ ⺈ ⺈ ⺈ 急 急 急					
急 급할 급	急	急	急			

| 201 待 기다릴 대 | ノ ノ イ 彳 彳 彳 待 待 待 |
| 待 待 待 | | |

| 202 度 법도 도 | 丶 一 广 广 广 庐 庐 度 度 |
| 度 度 度 | | |

| 203 乗 탈 승 | ノ 二 三 禾 乒 乒 乗 乗 乗 |
| 乗 乗 乗 | | |

| 204 始 비로소 시 | 〈 夂 女 女 妒 妒 始 始 |
| 始 始 始 | | |

| 205 運 옮길 운 | 丶 一 一 冖 冖 冎 冎 冝 軍 軍 渾 運 |
| 運 運 運 | | |

쓰기노트 ✎

206	一 ⺁ ⺃ 戸 戸 亘 車 軒 軒 転 転						
転 구를 전	転	転	転				

207	ノ 入						
入 들 입	入	入	入				

208	丶 ⺌ ⺌ ⺌ ⺍ 学 学 学						
学 배울 학	学	学	学				

209	一 十 才 木 杧 栌 栌 栌 栌 校 校						
校 학교 교	校	校	校				

210	一 ナ 方 友						
友 벗 우	友	友	友				

43

| 211 先 먼저 선 | ノ ケ 生 生 先 先 |
| 先 | 先 | 先 | | | |

| 212 生 날 생 | ノ ケ 牛 牛 生 |
| 生 | 生 | 生 | | | |

| 213 本 근본 본 | 一 十 才 木 本 |
| 本 | 本 | 本 | | | |

| 214 見 볼 견 | 丨 冂 冃 月 目 貝 見 |
| 見 | 見 | 見 | | | |

| 215 勉 힘쓸 면 | ノ ケ 与 多 台 台 孕 免 免 勉 |
| 勉 | 勉 | 勉 | | | |

216 強 강할 강	` ` 弓 弘 弘 弘 弘 弘 強 強 強
	強 強 強

217 試 시험할 시	` ` 亠 言 言 言 言 言 計 計 試 試
	試 試 試

218 驗 시험 험	｜ ｜ ｢ ｢｢ ｢ 馬 馬 馬 馬 馬 馬 馬 馬 馬 馬 馬 馬 驗
	驗 驗 驗

219 点 점 점	` ﾄ ﾄ 占 占 点 点 点 点
	点 点 点

220 数 셈 수	` ` 丷 半 半 半 米 米 米 数 数 数 数
	数 数 数

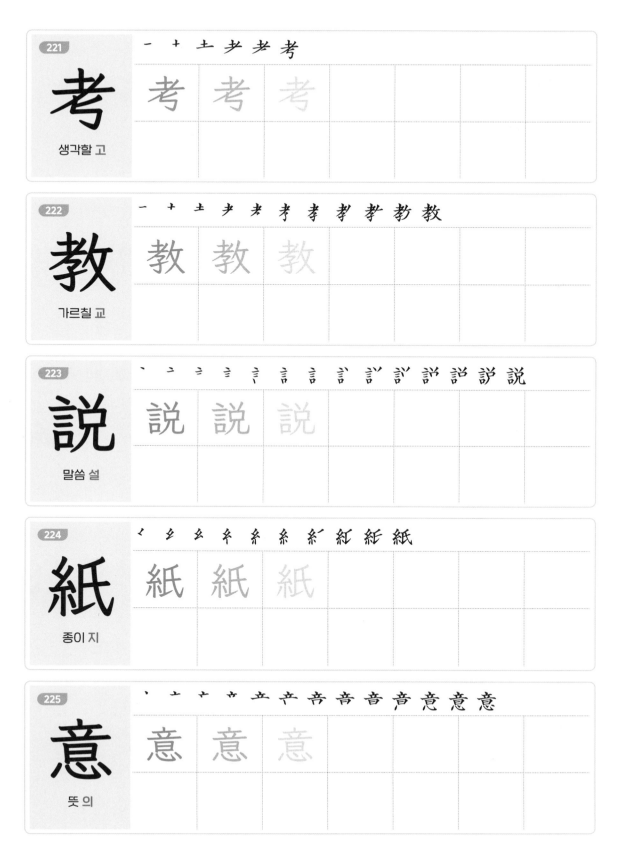

221 考 생각할 고	一 十 土 耂 耂 考
222 教 가르칠 교	一 十 土 耂 耂 考 孝 孝 孝 教 教
223 説 말씀 설	丶 讠 讠 讠 讠 言 言 言 訂 訂 訂 訂 訳 説
224 紙 종이 지	乙 幺 幺 幺 糸 糸 糸 紅 紅 紙 紙
225 意 뜻 의	丶 亠 亠 立 立 产 产 音 音 音 音 意 意 意

226 題 제목 제

丨 冂 冂 日 旦 早 早 昰 是 是 是 鄢 題 題 題 題 題 題

題　題　題

227 英 꽃부리 영

一 卄 艹 艹 艿 芇 苧 英

英　英　英

228 漢 한나라 한

丶 丶 氵 氵 汁 汁 汁 洴 洴 湴 湴 潶 漢 漢

漢　漢　漢

229 質 바탕 질

丶 亠 产 ᄼ 产 产 产 竹 竹 筲 筲 筲 筲 質 質

質　質　質

230 問 물을 문

丨 冂 冂 冂 冂 冂 門 門 門 問 問 問

問　問　問

231	ノ ト ト か か か か 笊 笊 笊 答 答					
答	答	答	答			
대답 답						

232	ノ 八 分 分					
分	分	分	分			
나눌 분						

233	ノ ト 仁 チ 矢 知 知 知					
知	知	知	知			
알 지						

234	ノ ト 牛 牛 牛 牛 牜 牚 特 特					
特	特	特	特			
특별할 특						

235	` 一 ナ 文					
文	文	文	文			
글월 문						

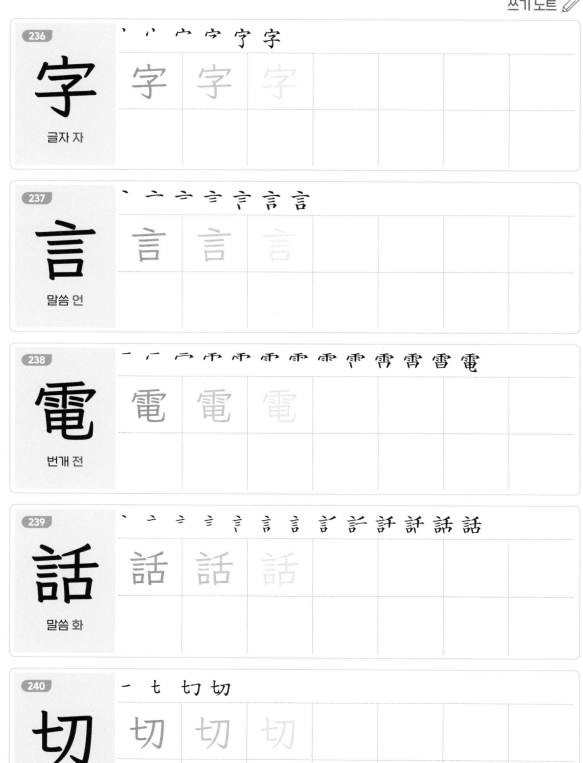

236 字
글자 자

丶 丷 宀 宀 字 字

字 字 字

237 言
말씀 언

丶 二 亠 言 言 言 言

言 言 言

238 電
번개 전

一 厂 戶 币 币 币 币 币 雨 雨 雨 雷 電

電 電 電

239 話
말씀 화

丶 二 亠 言 言 言 言 訁 訁 計 訐 話 話

話 話 話

240 切
끊을 절 / 온통 체

一 七 切 切

切 切 切

241 使 하여금 사 / 부릴 사	ノ イ 仁 仁 佢 佢 使 使
送 보낼 송	` ` ´ ´ 丷 ⺲ 关 关 送 送
受 받을 수	` ´ ´ ´ ⺤ ⺤ 严 严 受 受
取 가질 취	一 丆 F F 耳 耳 取 取
便 편할 편	ノ イ 仁 仁 佢 佢 佢 便 便

246	ノ 二 千 禾 禾 利 利						
利	利	利	利				
날카로울 리(이)							

247	` 亠 亠 立 立 产 音 音 音						
音	音	音	音				
소리 음							

248	` ′ ′ 竹 白 白 泊 泊 冲 冲 楽 楽 楽						
楽	楽	楽	楽				
노래 악							

249	一 𠃌 𠮷 哥 哥 哥 哥 哥 哥 歌 歌 歌						
歌	歌	歌	歌				
노래 가							

250	⌐ ⌐ ⌐ ⌐ ⌐ 門 門 門 門 門 聞 聞 聞						
聞	聞	聞	聞				
들을 문							

251	` ` ` ` ` ` ` ` ` ` 訁 訁 訁 訁 訁 読 読 読
読 읽을 독	読 読 読

252	` ` ` ` ` ` ` 聿 聿 書 書 書 書
書 글 서	書 書 書

253	` ` ` ` ` ` 映 映 映
映 비칠 영	映 映 映

254	` ` ` ` ` ` 画 画
画 그림 화	画 画 画

255	` ` ` ` ` 世
世 인간 세	世 世 世

256 界 지경 계	丶 冂 冂 冊 田 甼 界 界 界	界 界 界				
257 旅 나그네 려(여)	丶 亠 方 方 扩 扩 扩 旅 旅 旅	旅 旅 旅				
258 行 다닐 행	丿 彳 彳 彳 行 行	行 行 行				
259 写 베낄 사	丶 冖 冖 写 写	写 写 写				
260 真 참 진	一 十 广 市 肖 肖 直 直 真 真	真 真 真				

261 集 — ノ イ イ 仁 什 什 作 隹 隹 隼 隼 集 集
集 集 集
모을 집

262 休 — ノ イ 什 什 休 休
休 休 休
쉴 휴

263 語 — ` ヽ ﾆ ﾆ ﾆ 言 言 言 訂 訂 評 評 語 語 語 語
語 語 語
말씀 어

264 習 — ﾋ ﾖ ﾖ ﾖﾁ ﾖﾖ 羽 羽 羽 習 習 習
習 習 習
익힐 습

265 王 — 一 ﾓ 干 王
王 王 王
임금 왕

54

266
好
좋을 호

ㄑ ㄈ 女 女 好 好

好 好 好

267
名
이름 명

ノ ク タ タ 名 名

名 名 名

268
立
설 립(입)

丶 亠 亠 立 立

立 立 立

269
思
생각 사

丨 冂 冂 冊 田 田 思 思 思

思 思 思

270
有
있을 유

ノ ナ 才 有 有 有

有 有 有

271	一 ㄱ �884 不
不	不 不 不
아닐 불 / 아닐 부	

272	丶 亠 亠 ㅗ 立 音 音 咅 咅ʼ 咅ᴮ 部
部	部 部 部
거느릴 부	

273	ㅣ ㅁ ㅁ ㅁㅣ ㅁㅁ 品 品 品 品
品	品 品 品
물건 품	

274	ㅣ ㄱ �尸 ㄹ 門 門 門 門
門	門 門 門
문 문	

275	丶 ㄱ ㅋ ネ ㅈ 社 社
社	社 社 社
모일 사	

276 員 인원 원	` ㄇ ㅁ ㅁ ㅁ ㅁ ㅁ 昌 員 員
	員　員　員

277 新 새 신	` ㅗ ㅗ ㅗ 立 立 辛 辛 亲 新 新 新
	新　新　新

278 古 옛 고	一 十 十 古 古
	古　古　古

279 用 쓸 용	) 刀 月 月 用
	用　用　用

280 通 통할 통	` ㄱ ㄱ ㅁ 甬 甬 甬 甬 甬 通 通
	通　通　通

281	ノ 刂 刂 刂 刂 刂 帰 帰 帰 帰					
帰 `、` 돌아갈 귀	帰	帰	帰			

282	丨 冂 冂 同 同 同					
同 한가지 동	同	同	同			

283	ノ 亻 亻 仁 仕 仕					
仕 섬길 사 / 벼슬 사	仕	仕	仕			

284	丶 丷 丱 业 业 业 芈 芈 芈 丵 業 業 業					
業 업 업	業	業	業			

285	一 ナ 丆 石 石 石 石 研 研					
研 갈 연	研	研	研			

58

286 究 연구할 구	`丶丶宀宀宊宄究` 究 究 究
287 室 집 실	`丶丶宀宁宇宇室室室` 室 室 室
288 者 놈 자	`一十土耂耂者者者` 者 者 者
289 全 온전할 전	`丿入𠆢𠆢全全` 全 全 全
290 終 끝 종	`丶𠂆𠃜幺幺糸糸紒絞終終` 終 終 終

注

`丶丿汁汁汁汁汁注

注　注　注

부을 주

292

持

一十才才扩扩持持持

持　持　持

가질 지

293

進

丿亻亻ㅏ什什隹隹隹淮進進

進　進　進

나아갈 진

294

図

丨冂円円図図図

図　図　図

그림 도

295

働

丿亻亻ㅏ仁仁仁俥俥俥働働

働　働　働

일할 동

296	` 冖 口 号 另 別 別						
別 나눌 별 / 다를 별	別	別	別				

297	` 亠 二 三 言 言 言 計 計						
計 셀 계	計	計	計				

298	` レ レ 以 以						
以 써 이	以	以	以				

299	` 亻 亻 代 代 代 侪 侪 貸 貸 貸 貸						
貸 빌릴 대	貸	貸	貸				

300	` 亻 亻 仁 仵 供 供 借 借 借						
借 빌릴 차	借	借	借				

memo

memo

memo

착! 붙는 일본어

기초 한자
300

쓰기 노트